Le Travail de l'écriture

© L'Harmattan, 2014
5-7, rue de l'École-polytechnique ; 75005 Paris

http://www.harmattan.fr
diffusion.harmattan@wanadoo.fr
harmattan1@wanadoo.fr

ISBN : 978-2-343-03238-2
EAN : 9782343032382

Coordonné par
Annemarie TREKKER

LE TRAVAIL DE L'ÉCRITURE

Quelles pratiques pour quels accompagnements ?

Préface d'Alex LAINÉ

Histoire de Vie et Formation
Collection dirigée par Gaston Pineau

avec la collaboration de Pierre Dominicé (Un. de Genève), Martine Lani-Bayle (Un.de Nantes), José Gonzalez Monteagudo (Un. de Séville), Catherine Schmutz-Brun (Un. de Fribourg), André Vidricaire (Un. du Québec à Montréal), Guy de Villers (Un. de Louvain-la-Neuve).

Cette collection vise à construire une nouvelle anthropologie de la formation, en s'ouvrant aux productions qui cherchent à articuler "histoire de vie" et "formation". Elle comporte deux volets correspondant aux deux versants, diurne et nocturne, du trajet anthropologique.

Le volet ***Formation*** s'ouvre aux chercheurs sur la formation s'inspirant des nouvelles anthropologies pour comprendre l'inédit des histoires de vie. Le volet ***Histoire de vie***, plus narratif, reflète l'expression directe des acteurs sociaux aux prises avec la vie courante à mettre en forme et en sens.

Dernières parutions

Volet : *Formation*

Bernard HONORÉ, *L'Ouverture spirituelle de la formation*, 2013.
Marie Christine NOIREAUD, *De Pondichéry à Paris, parcours de femmes en formation*, 2013.
Martine LANI-BAYLE, Gaston PINEAU, Catherine SCHMUTZ-BRUN (coord.), *Histoires de nuits au cours de la vie*, 2012.
Bernard HONORÉ, *La mise en perspective formative*, 2012.
P. GALVANI, Y. de CHAMPLAIN, D. NOLIN, G. DUBÉ (coord.), *Moments de formation et mise en sens de soi*, 2011.
Micheline THOMAS-DESPLEBIN, *Les Thomas, une faille nombreuse en milieu rural au XXe siècle*, 2011.
Marie-Christine JOSSO, *Expériences de vie et formation*, 2011.
Jean-Claude GIMONET (dir.), *Maison Familiale Rurale de Férolles, Les clés du devenir*, 2011.
Martine LANI-BAYLE (dir.), Philippe MONTAIREAU, Carole BUFFA-POTENTE, *André de Peretti, pédagogue d'exception. Regards croisés sur l'homme aux mille et un rebondissements*, 2011.

Préface

Du travail à l'œuvre et à l'action : une approche clinique de l'écriture

Une préface n'est rien d'autre que l'expression du point de vue d'un premier lecteur qui s'adresse aux lecteurs potentiels et aux auteur(e)s. C'est précisément d'un tel point de vue, construit au fur et à mesure de ma lecture, dont il va être question au cours de cette préface. Et cela à travers l'exposé des problématiques qui, dans les écrits proposés aux lecteurs, ont retenu mon attention parce que je les tiens pour majeures. L'écriture engage profondément le sujet qui écrit, comme le soulignent les textes qu'on va lire. Cela vaut aussi bien pour l'activité de lecture qui est hautement subjective au sens où celui qui la fait y met beaucoup de soi et du sien. Ma lecture n'échappe pas à cette règle. En sorte que ce que j'ai retenu à la lecture de cet ouvrage est évidemment le résultat de la rencontre entre les écrits des auteures et mes propres objets de réflexion et cadres de référence.

Et voilà le travail !

La première des problématiques que je repère comme centrales dans les textes constitutifs de ce livre, est celle du *travail.*
Car il y a du travail – et même des travaux – à l'œuvre dans ces écrits.
- D'abord le travail de rédaction de celles et ceux qui s'engagent dans les processus ou dispositifs d'écriture accompagnés par les auteures.
- Ensuite le travail en tant qu'objet sur lequel portent, en bien des cas, les écrits rédigés : celui des professionnels

de l'accueil et de l'aide sociale autour d'Isabelle Seret, celui des enseignants dont parle Emmanuelle Florent, celui des étudiants en cours de rédaction de leurs travaux universitaires auxquels se rapporte le texte de France Merhan.
- Enfin, ces deux modalités de travail sont présentes en tant que productions des accompagnatrices-auteures se soumettant au même type de mise en mots écrits de leurs pratiques que celle qu'elles invitent les personnes qu'elles accompagnent à réaliser.

Dit autrement, on a affaire aussi bien pour les participants aux dispositifs d'écriture que pour les six accompagnatrices-auteures à un « travail sur leur travail » ou « travail au carré » pour reprendre la juste expression proposée par Yves Clot.

Tous ces textes vont en effet montrer ce qui constitue l'essence du travail, à travers deux expériences majeures : la souffrance et le plaisir. On va découvrir d'une part que le travail – aussi bien en tant que processus d'écriture que comme objet sur lequel il porte – ne se fait ni tout seul, ni sans peine. Il y a en effet pour ne parler que de la seule écriture, des obstacles, des réticences, des souvenirs d'école, des peurs à écrire, des difficultés techniques et autres manques d'habitude avec les doutes de soi qui y sont associés. Toutes choses qui s'accompagnent de souffrances, rencontrant l'une des étymologies du mot « travail » – du latin *tripalium*, instrument de torture. Ici le travail apparaît comme « la résistance au réel » (Christophe Dejours). Mais aussitôt après il s'inverse dans une expérience à haute teneur en plaisir. Cette dimension est très présente dans les écrits qu'on va lire. En particulier dans ces moments très forts de la « socialisation » des écrits produits par les uns et les autres, c'est-à-dire lorsque chacun va lire ou, s'il ne le peut pas, faire lire son récit par un tiers, mais toujours en s'adressant au moins au groupe des pairs. Un des exemples parmi d'autres en est fourni par le texte de Catherine Liabastre sur les Sillonneurs de Bretagne, au moment où elle évoque la lecture de la transcription du récit de Monsieur M. : « *Quand A. prend la parole dans le texte de Monsieur M., elle raconte avec ses mots à lui, en lisant son récit à sa manière à elle, son départ du Maroc il y a 30 ans. Dès son arrivée en France, Monsieur M. a travaillé dans les chantiers de construction du grand immeuble du Sillon. Il a contribué à bâtir le lieu où il habite aujourd'hui. Il l'a dit. C'est écrit. Thérèse le lit devant les habitants qui écoutent. Cette mise en voix restitue publiquement un parcours individuel ancré dans l'histoire sociale. »* On imagine alors la fierté de celui qui est l'auteur et qui entend le récit de son parcours et de son travail énoncé et écouté publiquement. La souffrance du travail, celle du labeur et du « tu gagneras ton pain à la sueur de ton front », n'est jamais abolie. Mais elle s'inverse en plaisir dans la reconnaissance que les pairs et/ou le public adressent à l'auteur par le simple truchement de l'écoute qui signifie : « ce que tu nous dis de toi et de ce que tu as fait, nous en reconnaissons toute la valeur en termes d'efficacité, de justice et de beauté. » A la manière dont on dit : « C'est du beau boulot ! ». C'est en ce sens que ces écrits méritent d'abord (mais pas seulement) d'être lus, comme un « salut aux textes » – selon la très belle formule de l'ALEPH à laquelle Michèle Cléach fait référence. Car ils valent bien qu'on leur rende cet hommage de l'attention portée par un lecteur.

La question du travail conduit directement à l'approche clinique.

La pratique du « cousu main » du travail clinique

La clinique est, en effet, fondamentalement centrée sur la pratique, le contact avec le terrain – même si elle est loin de se réduire à cela tant elle est habitée par le souci d'éclairage théorique. De ce point de vue, le terme d' « atelier » est particulièrement bien choisi pour désigner les dispositifs dont il est souvent question dans ce livre. Il souligne que ce qui est proposé est une pratique, un ouvrage – aux 18ème et 19ème siècles on parlait « d'ouvrouères » pour désigner ces lieux de la pratique artisanale où s'accomplissait le métier. On trouve le terme chez Balzac, notamment dans « Eugénie Grandet » lorsqu'il décrit l'atelier de tonnellerie du père Grandet. Tout cela convient à l'approche clinique.

Avant d'aller plus loin, une précision s'impose. Si l'on identifie ce type d'approche à une démarche thérapeutique, on fait fausse route. Certes, il y a une clinique médicale – bien que de moins en moins avec l'inflation technologique dont ce secteur est le siège. Mais il n'est pas nécessaire d'être malade ou souffrant pour désirer écrire et passer à l'acte d'écriture. Et cela n'empêche pas le soin et le souci de l'autre, de même que « prendre soin » (to care) n'est pas soigner (to cure).

L'une des premières caractéristiques de l'approche clinique qui est commune aux six écrits de cet ouvrage, c'est de procéder au « cas par cas », c'est-à-dire de *se pencher* sur chaque personne accompagnée dans son processus d'écriture pour ajuster son aide et son accompagnement au plus près de ses besoins. Cette posture d'*inclinaison* et assurément aussi d'*inclination* tant les processus affectifs entre accompagnateurs et accompagnés sont puissants, a pour corollaire cet autre élément central dans l'approche clinique qu'est la place de *sujet-acteur* ou de *sujet-auteur* reconnue à chacune des personnes engagées dans le processus d'écriture. Le dispositif du « contrat » avec les clauses de confidentialité, d'écoute bienveillante et de libre implication dont il est fortement question dans les pratiques que l'on va découvrir, est une des traductions concrètes de l'institution de chacun comme *sujet de droits* par les démarches décrites et analysées.

Et l'on peut en dire bien davantage de ce point de vue de l'affirmation par l'approche clinique de chaque écrivant en tant que sujet ou subjectivation. Si l'on veut bien admettre avec moi la définition que Michel Foucault donnait de la subjectivité : « processus par lequel le sujet fait l'expérience de lui-même dans un jeu de vérité où il a rapport à soi », alors nul doute que chacun de ces textes ne fait que rendre compte de cette « révélation » (au sens photographique du terme, pas en son sens mystique) de soi même comme étant au moins un peu différent de ce qu'il pensait de prime abord.

Ecrire, c'est toujours entrer en soi pour se rencontrer.

La question de l'inscription de ces pratiques d'écriture dans le champ de l'approche biographique mérite ici d'être posée, en tant que modalité de subjectivation, dans les termes suivants : qu'est-ce que les dimensions biographique et autobiographique apportent aux démarches déjà connues de l'écriture en atelier ? En premier lieu, cela souligne que si toute écriture n'est pas formellement autobiographique, elle a toujours partie liée avec l'histoire du sujet qui écrit. Mais lorsque – comme c'est le cas des pratiques qui sont relatées ici – le projet d'écriture porte explicitement sur l'histoire personnelle et sociale des sujets écrivant, le travail opéré peut en être modifié. Nombre de textes indiquent que la spécificité de l'atelier d'écriture est de faire porter les retours des pairs après « socialisation », sur la seule forme du texte, sur le style, jamais sur le fond. Précisément, lorsque la démarche d'écriture est de manière explicite autobiographique, elle « appelle » ou justifie de faire davantage porter les retours sur le contenu du récit, sur les événements relatés et surtout sur la trame langagière et logique qui les relie. Mais ce n'est pas une fatalité. Il est toujours possible de limiter les retours en atelier d'écriture autobiographique à la seule forme littéraire. Il reste que tout dépend du pacte – c'est-à-dire de l'accord entre participants et accompagnateur sur les objectifs et modalités de la démarche. En l'occurrence la partie décrite et analysée par Annemarie Trekker relie les deux regards, celui qui porte sur la forme de l'écrit et celui qui porte sur l'analyse du contenu.

Quand le travail de l'écriture et l'écriture du travail en viennent à l'œuvre et l'action.

A ma première lecture des récits et analyses de pratiques d'écriture de cet ouvrage, j'ai immédiatement été saisi par ce que ces textes – malgré leurs différences – ont en commun : une orientation qui voit dans l'écriture un processus au sein duquel le sujet écrivant est tout entier engagé, et qui se déploie comme *œuvre* et comme *action*. J'emprunte ces deux derniers concepts à la puissante distinction posée par Hannah Arendt – une femme philosophe, il n'y en a pas beaucoup au panthéon des grands penseurs en sorte que cette référence a ici beaucoup de sens – dans *Condition de l'homme moderne*[1] entre le *travail (work, labor)*, l'*œuvre (opus de l'homo faber)* et *l'action (du citoyen)*. Il y a tout cela dans ces écrits et le fait qu'ils mettent au travail non seulement l'écriture, mais encore la vie et son histoire, ne compte pas pour rien dans le processus qu'ils réalisent. Je ne reviens pas sur la question du travail que j'ai développée précédemment (sans d'ailleurs la traiter comme le fait Hannah Arendt en tant que réalité quasi-biologique de l'*animal laborans*. Mais ce choix est délibéré).

Au-delà du *travail* et à travers lui, la lecture de ces textes nous met en présence avec des *œuvres*. Il ne s'agit pas seulement, ni essentiellement des textes rédigés par les auteures sur leurs expériences d'accompagnement de pratiques d'écriture ou/et de recherche sur ces pratiques – bien qu'ils en fassent partie. Il s'agit principalement des écrits du « premier genre » pourrait-on dire, ceux qui ont été réalisés par les participants aux ateliers d'écriture accompagnés. Ce qui définit en propre l'*œuvre*, c'est à la fois sa « durabilité » et sa dignité. Les écrits et les processus d'écriture dont il est question tout au long de cet ouvrage, se situent précisément à cet endroit, non pas de la nécessité biologique que des hommes ont en commun avec les animaux (travailler pour subvenir à ses besoins biologiques), mais de la culture. Font partie du monde humain – et de la « maison humaine » de la culture, comme l'écrit Arendt – les objets qui ne sont pas éphémères parce que immédiatement « consommés » mais ceux qui sont faits pour l'usage et qui, comme tels, s'inscrivent dans la durée. L'écrit y a évidemment une place essentielle puisqu'il est trace pérenne qui va permettre la transmission. Et d'abord transmission à soi-même comme moyen de faire retour sur ce que l'on a écrit et pensé une première fois, en s'ouvrant ainsi la possibilité de le penser à

---

[1] Arendt, Hannah, *Condition de l'homme moderne*, première parution 1958, autre édition en format « poche » dans la collection Agora (2002) avec une très belle préface de Paul Ricœur.

nouveau et autrement, voire de le réécrire ou d'en poursuivre la rédaction.

Enfin – et ici se noue le lien qui attache l'éthique clinicienne de la reconnaissance de l'autre et de sa dignité avec l'*action* politique au sens étymologique du mot, celui de l'agir en tant qu'effort pour faire société, créer du lien social, faire triompher l'intérêt général sur les égoïsmes particuliers, favoriser l'intégration sociale plutôt que l'exclusion ou la désinsertion. Or toutes les pratiques sur lesquelles portent les textes que l'on va lire ont cette orientation émancipatrice et intégratrice – ne serait-ce qu'à l'échelle du groupe restreint de pairs qui font partie de l'atelier. C'est particulièrement vrai pour la pratique du Sillon de Bretagne que rapporte Catherine Liabastre et qui se réclame explicitement de l'éducation populaire et de la volonté de lutter contre l'image stigmatisée et stigmatisante d'un quartier et de ses habitants. Mais ce ne l'est pas moins dans les autres pratiques. En effet aussi bien l'institution du « contrat » que le fait de « prendre la parole » au sens de « sa parole à soi » via l'écrit – c'est-à-dire la langue qui n'est pas la plus familière –, tout cela est déjà acte de pouvoir, exercice d'un pouvoir que l'on ne s'autorisait pas jusque là, ou pas autant.

Du « Je » au « Nous ».

Ce que l'on peut lire dans les écrits qui constituent cet ouvrage rejoint ma conviction que le récit de son histoire est, pour le sujet narrateur, une modalité de construction de son identité – l'identité narrative pour reprendre le terme de Ricœur. Ce qui n'est pas rien puisqu'il s'agit pour le citoyen de prendre la parole, prendre SA parole. Et ainsi, d'exercer un pouvoir dont les invisibles qui sont aussi « les peuples du silence »[2] – ce qui rejoint l'ouvrage exemplaire *La Misère du Monde*[3] dirigé en son temps par Pierre Bourdieu – sont largement privés. La prise de parole en son propre nom, est déjà un geste, un acte

---

[2] Poirier,J., Clapier-Valladon, D., Raybaut, P., *Les récits de vie. Théorie et pratique,* Paris, Puf, 1983.
[3] Bourdieu, P., (direction), *La Misère du Monde,* Paris, Seuil, 1993

éminemment politique. Évidemment, tant qu'on en reste là, certains critiques ont beau jeu de dénoncer les risques de dérive individualiste et de repli sur soi. Mais pas plus que le constat de l'écart entre les citoyens et les gouvernants ne condamne à épouser les thèses des partis nationalistes, le droit offert à la narration et à la reconnaissance de son récit de vie ne conduit à l'individualisme, voire – ce qui est assurément plus grave – à l'égoïsme.

Ce que démontrent les pratiques dont les auteurs rendent compte ci-après, c'est que ces démarches d'écriture de soi et de ses expériences vécues, loin de fatalement renforcer le narcissisme et l'individualisme, font émerger du collectif, du « Nous » autant, voire davantage que du « Je ». Car chacun découvre dans les récits des autres – de ces « autres » qui lui étaient d'abord les plus lointains et les plus étrangers (d'où les peurs, voire les haines) – et par-delà les indéniables singularités, des proximités, des partages, des points de rencontres et de communauté qui font de ces pratiques des « expériences d'humanité ». Ce que Montaigne – dans ses *Essais* où il « se peint » lui-même – traduisait en ces termes : « Chaque homme porte en soi la forme entière de la condition humaine. »

La lecture de ces textes convainc de deux choses qu'on ne saurait traiter à la légère tant elles sont « graves » au sens de « centre de gravité ».

La première, c'est qu'à restaurer un sentiment de dignité personnelle en donnant à chacun la possibilité de se faire auteur d'écrits, et en reconnaissant ces écrits, on lui ouvre l'accès à l'exercice du pouvoir et de la citoyenneté. On sait en effet que la domination trouve – a contrario – une de ses conditions d'épanouissement dans la conviction des hommes de ne pas être des acteurs légitimes de la scène politique.

La seconde, c'est que les pratiques décrites et analysées par les six auteures sont, chacune à sa manière et au moins par le truchement du « contrat », la réalisation de ce projet dont

Ricœur disait qu'elle définit l'éthique et le politique : « viser la vie bonne, avec et pour autrui dans des institutions justes. »

Alex Lainé,
praticien et chercheur en « histoire de vie »,
membre cofondateur de l'Institut international
de sociologie clinique.

Introduction

Création du groupe « Ecritures des pratiques »

A l'initiative de l'Association internationale des histoires de vie en formation et de recherche biographique en éducation[1], le projet de notre groupe d'échange autour des pratiques a démarré en 2010. Une première rencontre informelle, organisée à Bruxelles en février 2010, a permis de partager et d'échanger les expériences déjà acquises, notamment lors de la réalisation de l'ouvrage « Récits de vie, des pratiques qui se racontent »[2] au sein du Réseau belge francophone des praticiens en histoire de vie.

Suite à cette première prise de contact, un petit groupe prend forme. Six participantes[3] sont partantes pour mettre en place un groupe d'échange et d'analyse des pratiques, centré sur l'écriture qui se réunira à Paris et à Bruxelles, à raison de quatre réunions par année. Au fil du temps et des circonstances de la vie, certaines des participantes du début seront amenées à quitter le groupe tandis que d'autres vont rejoindre notre collectif. Au final, trois ans plus tard, notre livre comporte les contributions de six praticiennes et chercheuses dans le champ de l'approche biographique en lien avec l'écriture : Annemarie Trekker, Michèle Cléach, France Merhan, Isabelle Seret, Emmanuelle Florent, Catherine Liabastre. Ces six auteures se

---

[1] Site internet : www.asihvif.com
[2] Trekker, A., Loicq, F. & Cambier, C. (2009) *Récits de vie. Des pratiques qui se racontent*. Tellin : Traces de vie.
[3] Annemarie Trekker, Isabelle Seret pour la Belgique, Michèle Cléach, Isabelle Chicot pour la France, France Merhan pour la Suisse, Sophie Vervloet pour le Grand Duché de Luxembourg.

présentent et esquissent leurs domaines et champs d'activité à la suite de cette introduction.

Nos objectifs

Dès le départ, trois objectifs sont énoncés comme prioritaires :
- partager nos pratiques d'écriture, en échangeant par écrit et oralement autour de celles-ci ;
- élaborer des écrits qui décrivent et explorent ces pratiques et leurs effets mais aussi nous mettent également en réflexion et en mouvement par rapport à celles-ci ;
- aboutir à une publication commune. L'intérêt de cette finalisation sous forme d'une publication se trouve stimulé par le fait que peu d'ouvrages ont été publiés jusqu'à présent, qui analysent les pratiques d'écriture et les processus qu'elles mettent en œuvre dans le champ de la recherche biographique et dans les dispositifs d'accompagnement formatif.

Au-delà de ces objectifs, il apparaît assez rapidement que le questionnement dépasse la réflexion sur nos pratiques pour nous amener au questionnement sur les processus mis en place : en quoi le fait d'écrire nos pratiques et d'échanger autour d'elles dans le groupe nous amène-t-il à les clarifier, ce qui nous met au travail sur leur pertinence en lien avec les effets escomptés.

La durée de nos échanges qui vont s'étaler sur quelque trois années, avec des intervalles de deux ou trois mois entre les rencontres n'est sans doute pas étrangère à la mise en perspective de ce qui est à l'origine de ces pratiques et ce qu'elles mettent en jeu tant au niveau professionnel que personnel. Cette durée a permis également la création de liens d'amitié et d'une confiance réciproque favorables à l'ébauche de certaines hypothèses, l'approfondissement de référents théoriques et la mise en mouvement de nos pratiques.

Dès les premières explorations, nous avons ainsi été amenées à pointer les convergences et les divergences tant dans nos parcours, nos dispositifs que dans nos positionnements en tant que praticiennes-chercheuses qui se reflètent dans la manière dont chacune s'est saisie de l'écrit au sein de ce groupe. Si nous avons cherché à dégager les spécificités de chaque dispositif en référence au cadre dans lequel il s'exerce, nous avons également des points communs en matière d'éthique et de déontologie qui nous rassemblent. Nous reviendrons dans les conclusions de l'ouvrage plus longuement sur les unes et les autres ainsi que sur les effets de cet échange par et sur nos pratiques centrées sur l'écriture.

L'écriture : support et objet de nos échanges

Lors des premiers échanges, nous serons amenées à préciser et délimiter plus précisément nos champs spécifiques d'activité et de les situer par rapport aux champs disciplinaires dans les cadres universitaire, associatif, institutionnel et individuel. Le groupe décide ainsi de délimiter plus précisément son objet et l'intitulé qui s'y réfère : après avoir été « groupe d'échange et d'écriture des pratiques », nous choisissons de nous définir en tant que groupe « Ecritures des pratiques et pratiques de l'écriture dans le champ de l'approche biographique ». Ce qui permet de situer et synthétiser les axes sur lesquels nous allons travailler :
- écrire les pratiques ;
- écrire sur la pratique ;
- pratiquer l'écriture.

L'écriture se trouve ainsi sollicitée à la fois comme support de l'échange et comme objet de la recherche. Il s'agit :
- d'échanger sur ce qui nous a amenées à nos différentes pratiques fondées sur l'écriture et sur le cadre dans lequel nous les exerçons ;
- de décrire et questionner les dispositifs, les processus et les outils mis en œuvre ;
- d'utiliser l'écriture comme processus d'élaboration et d'analyse de ces pratiques.

L'écriture sera ainsi triplement questionnée en tant que support utilisé dans nos pratiques, médiation pour les échanges à l'intérieur de notre groupe et démarche d'élaboration pour penser, voire faire évoluer nos pratiques.

Notre approche méthodologique

Dans un premier temps, une approche méthodologique est proposée en référence à la démarche de codéveloppement professionnel mise en œuvre par Adrien Payette et Claude Champagne à Montréal[4].

Au vu des déplacements (Belgique, France, Suisse) qu'implique la composition du groupe, nous décidons de consacrer une journée entière à chaque rencontre et chaque thématique développée. Le rythme de quatre réunions par an nous assure à la fois une continuité et un espace-temps suffisant entre les rencontres pour élaborer autour du partage et préparer le texte suivant qui sera transmis par courriel à l'ensemble des participantes au groupe.

Afin de progresser dans l'approche de chacune des pratiques selon des étapes communes et d'assurer ainsi un échange fécond, nous construisons une progression thématique depuis l'entrée biographique, la description du dispositif, des exemples d'application de celui-ci et les questionnements qu'il nous pose, tout en situant les parcours dans les cadres institutionnels qui les accueillent.

---

[4] Cette approche et sa méthodologie d'apprentissage dans l'action constituent une innovation typiquement québécoise qui a été développée par Adrien Payette et Claude Champagne en 1997. Ils l'ont nommé « groupe de codéveloppement professionnel », qualifiant ainsi une approche de développement « pour des personnes qui croient pouvoir apprendre les unes des autres afin d'améliorer leur pratique ». Le codéveloppement professionnel se pratique en petit groupe de 4 à 8 personnes avec un animateur qualifié et avec une méthode de consultation entre pairs en six étapes. Site internet : aqcp. prod.viglob.com

Le fil qui relie ces thèmes s'établit naturellement au fil des rencontres :
- le premier texte concerne l'entrée biographique : quand, comment et pourquoi l'écriture s'est-elle imposée comme support de référence dans notre pratique d'animation, de formation et/ou de recherche en approche biographique. En quoi ce choix vient-il questionner notre histoire personnelle, sociale, familiale, géographique, professionnelle ?
- l'étape suivante repose sur une description du dispositif mis en place pour initier et accompagner l'écriture des étudiants ou participants auxquels nous les proposons ;
- il s'agit ensuite de développer un ou plusieurs des processus et outils mis au travail dans le cadre du dispositif décrit en l'illustrant par des exemples ;
- enfin nous abordons les effets attendus, espérés et constatés de ces processus sur les participants et sur notre propre pratique ;
- un dernier échange permet de pointer et réfléchir les points de convergence et de divergence et de dégager des hypothèses sur les effets de ces écrits et échanges autour de nos pratiques.

Nos pratiques et leurs champs d'application

Au final, les six contributions proposées dans cet ouvrage se regroupent en trois parties selon leur champ d'application, chaque partie reprenant deux contributions. Cette répartition ne doit pas empêcher de saisir les fils rouges qui traversent l'ensemble des textes et des dispositifs de terrain qu'ils relatent. Ceux-ci seront par ailleurs repris dans la conclusion.

Une première partie « Accompagner le recueil de récits de vie et leur écriture » reprend les articles d'Isabelle Seret et de Catherine Liabastre qui, dans des lieux et contextes différents, abordent une même orientation : celle de l'accompagnement de personnes engagées dans le recueil de récits que ce soit dans une perspective de témoignage et/ou d'histoire collective, ce qui implique une mise en questionnement de l'implication des narrataires, mais aussi les conditions du passage des récits recueillis oralement vers leur écriture en vue de la transmission et/ou du témoignage.

Isabelle Seret développe en quoi et comment l'écriture de son journal de bord ou « journal d'itinérance » l'amène à réfléchir et redéfinir sa propre identité tant personnelle que professionnelle. Elle situe ensuite cette réflexivité dans le cadre de son accompagnement d'une équipe de médiateurs et de psychologues chargés de recueillir des récits de vie de personnes qu'elles reçoivent dans le cadre d'une institution publique afin de nourrir un travail de recherche sur « précarité et nouvelles formes familiales/nouveaux rôles parentaux pour les femmes esseulées originaires du Maghreb ». Tout en leur proposant d'adopter le journal d'itinérance, l'auteur suscite et met au travail la problématique de l'idéal professionnel et du risque de (dé)mobilisation lorsque celui-ci paraît inatteignable dans la fonction occupée.

Catherine Liabastre partage son expérience en tant que conseillère en éducation populaire dans le cadre d'un projet politique relevant de l'Histoire collective qui concerne le quartier du Sillon, situé dans la communauté urbaine de Nantes. Elle a accompagné pendant cinq années l'action d'une équipe chargée de recueillir les récits oraux d'habitants de ce quartier où vivent plusieurs centaines de personnes touchées par l'isolement et par des représentations négatives du quartier. Au terme de ces recueils va surgir la question du passage de l'oralité vers l'écriture comme étape dans la socialisation de la transmission orale, dans le respect des narrateurs.

Une deuxième partie « Accompagner l'écriture dans une approche narrative » rassemble les contributions d'Annemarie Trekker et de Michèle Cléach.

Annemarie Trekker aborde l'animation de « tables d'écriture » en histoire de vie qu'elle anime en Belgique et en France dans le cadre de l'association Traces de vie dont elle est fondatrice.

Cet accompagnement se situe dans une double perspective à la fois de créativité littéraire mais aussi d'élaboration de liens et de sens. La réflexivité repose sur l'écoute du texte tant dans son contenu (mise en intrigue) que dans sa forme (style). La résonance de l'un à l'autre permettant d'ébaucher des hypothèses sur ce qui « s' » écrit sans pour autant se dire, les domaines de l'écriture et de l'oralité ne se recouvrant pas. Elle donne à voir ce travail de fouille « archéologique » sur le texte mettant en évidence les traces et signes de couches enfouies d'une histoire de vie à travers un exemple concret d'échange avec une participante par correspondance.

Michèle Cléach situe sa démarche d'accompagnement de l'écriture autobiographique dans le cadre de son activité au sein d'Aleph-écriture à Paris. Elle réfère à l'atelier d'écriture comme lieu de fabrication, d'apprentissage et d'expérimentation de la création à visée littéraire ; lieu où se travaille la langue et où se conjuguent la technique et la créativité. Elle insiste sur le rôle du cadre et des enjeux pédagogiques de l'atelier au sein d'un dispositif qui permet aux participants de passer du premier jet à des textes travaillés et aboutis ; et elle montre que, tout en permettant aux participants d'identifier leur processus d'écriture, le travail de l'écriture agit également sur le rapport au monde des participants.

Une troisième partie consacrée à « Accompagner les écrits de formation et de recherche » reprend les articles de France Merhan et d'Emmanuelle Florent.

France Merhan aborde la question de l'écrit dans le cadre universitaire, posant l'hypothèse que loin d'être un allant de soi, il s'agit d'une question sensible et d'une source de souffrance. Elle fonde son propos sur le dispositif qu'elle a conçu avec ses collègues, enseignants à l'université de Genève, sous la forme de mémoires de fin d'études et portfolios de développement professionnel de niveau Master en Sciences de l'Education rédigés par des étudiants engagés dans une formation universitaire fondée sur le principe d'alternance. La lecture des portfolios met en évidence des formes textuelles d'une grande diversité et invite à l'écoute des chemins langagiers singuliers à travers lesquels les étudiants rendent compte de leurs parcours, croisement entre l'expérientiel du terrain et la rationalité des savoirs théoriques. Dans cette perspective, il lui paraît nécessaire de prévoir un accompagnement de l'étudiant pour qu'il puisse dépasser les inhibitions associées aux normes académiques, en stimulant l'écriture en lien avec des enjeux réels.

Emmanuelle Florent dans le cadre d'une recherche menée en vue d'un Master en Sciences de l'Education en e-learning s'intéresse à une approche biographique de l'identité enseignante à partir des récits de vie de sept enseignants. Sa contribution met en évidence les différences dans les éléments de récits qui lui sont confiés oralement lors des deux entretiens avec les enseignants et les écrits qu'ils lui envoient par courriel et/ou sur un forum internet ouvert à des retours mais dans un cadre éthique et protecteur de l'anonymat. Sont ainsi posés les liens entre les différents supports proposés - entretiens oraux, écrits solitaires et partage social des écrits via internet et leur contenu. Il semble en effet que le domaine de ce qui se dit ne recouvre pas celui de ce qui s'écrit, l'inverse étant vrai.

Présentation des auteures
(suivant l'ordre de parution de leur contribution dans l'ouvrage)

Isabelle Seret
Formée en Arts de la Parole, elle recueille treize années durant, des récits oraux pour des émissions radiophoniques, journaux et magazines d'informations à la RTBF (Radio Télévision Belge Francophone). Elle souhaite mettre à jour à travers l'histoire d'un individu des faits de société.
De 2001 à 2006, expatriée, elle entreprend des collectes de mémoire au Proche-Orient et en Arménie autour de la perte d'identité.
Diplômée en relations humaines à l'Université de Lille 1 et formée à l'accompagnement en sociologie clinique à l'Institut international de sociologie clinique à Paris, elle accompagne à présent des travailleurs sociaux à la pratique du recueil de récits de vie et à leur restitution dans l'espace public. Les bénéficiaires de ces services sont généralement des personnes dont le parcours regorge de souffrances traumatiques, ce qui l'a incitée à poursuivre à l'Université libre de Bruxelles une formation en victimologie appliquée.

Catherine Liabastre
Educatrice spécialisée de formation, elle évolue vers l'éducation populaire et privilégie la dimension collective à travers des expériences d'animation auprès de jeunes et d'adultes en milieu rural. Diplômée de l'Université d'Angers en sociologie où elle conduit une recherche sur la mémoire des lieux dans l'imaginaire social, elle intègre la Direction régionale de la jeunesse et des sports de Nantes en Pays de la Loire en tant que conseillère d'éducation populaire auprès de la vie associative. Au cours de ces années, elle se forme aux ateliers d'écriture et aux histoires de vie collective auprès de Marijo Coulon et Alex Lainé. Elle accompagne aujourd'hui des groupes engagés dans des projets interculturels dans lesquels les pratiques autour de l'écriture et de la mémoire collective ont

une fonction émancipatrice en participant au développement du sens critique et en favorisant l'appropriation des histoires et des parcours.

Annemarie Trekker
Sociologue, diplômée de l'Université libre de Bruxelles. Journaliste et écrivain, elle s'intéresse plus particulièrement à la sociologie de la famille et à l'écriture en lien avec les enjeux d'une identité narrative.
Formée à la sociologie clinique à l'Institut international de sociologie clinique à Paris et à l'approche transgénérationnelle, elle anime des « tables d'écriture en histoire de vie » en Belgique et en France et contribue à plusieurs formations centrées sur le récit de vie en lien avec l'écriture littéraire. Sa réflexion porte sur l'articulation entre la forme (le style) et le contenu du texte (l'intrigue) dans le champ (auto)biographique. Fondatrice de l'Association Traces de vie, elle y dirige les éditions Traces de vie implantées à Tellin en Belgique. (www.traces-de-vie.net)

Michèle Cléach
Formée à l'Ingénierie de Formation à Paris 1 – Panthéon Sorbonne, elle a, pendant 15 ans, été successivement, Chef de Projet puis Directrice d'un Institut de formation d'adultes.
Au début des années 2000, elle se forme à la démarche des histoires de vie en formation (DUHIVIF - Université de Nantes et formation de formateurs à la démarche autobiographique pour l'appropriation de la lecture et l'écriture conduit par Danielle Desmarais à Paris VIII), et à l'animation d'atelier d'écriture personnelle, littéraire et professionnelle à Aleph-écriture.
Elle se consacre maintenant, au sein d'Aleph-écriture et de l'association « Le dire et l'écrire », à la mise en œuvre et à l'animation d'ateliers d'écriture littéraire et professionnelle, à la formation de formateurs à l'écrit et à la formation de biographe. Elle propose également un accompagnement individuel ou collectif à l'écriture de son histoire de vie.

Elle s'intéresse particulièrement à ce qui, dans les dispositifs, permet aux participants d'explorer, d'investir et de travailler la langue pour avancer dans leur désir d'écrire et produire des objets littéraires ou des textes professionnels aboutis.

France Merhan

Docteur en sciences de l'éducation, elle est enseignante à l'Université de Genève. Elle est membre de l'équipe de recherche « Formation et organisation » et membre du laboratoire « Recherche, Intervention, Formation, Travail ». Les thématiques de recherche qu'elle investit concernent les formations en alternance, l'analyse des trajectoires biographiques et des dynamiques identitaires affectant les sujets engagés dans des dispositifs de formation initiale ou continue ainsi que la prise en compte des ressources formatives propres aux écrits professionnels et académiques (portfolios de développement professionnel et mémoires universitaires).

Emmanuelle Florent

Professeur de français dans l'enseignement secondaire en Belgique. Elle est également titulaire d'un Master de recherche en Sciences de l'Education à l'Université de Lille 3 dans le cadre duquel elle s'est intéressée au travail éducatif en général et à la pratique enseignante en particulier. Quel recul un enseignant a-t-il sur sa pratique, quelle réflexivité sur son métier, quel écart entre travail prescrit et travail réel ? Son mémoire de recherche a d'ailleurs porté sur l'identité enseignante du secondaire en Belgique francophone à partir d'une approche biographique.

Passionnée par la didactique des apprentissages, elle a également suivi de nombreuses formations dans les domaines de la gestion mentale, de l'aide aux élèves en difficulté d'apprentissage afin de compléter ses réflexions.

Première partie :

Accompagner le recueil de récits de vie
et leur mise en écriture

Le journal de bord, miroir d'une pratique

Isabelle Seret

L'image que me renvoie le miroir est moins un visage que l'expression d'une situation difficile. Georges, personnage principal du film *A single man* de Tom Ford. Cette phrase, issue de mon journal de bord, exprime au mieux mes ressentis face au travail d'écriture dans lequel je viens de me lancer. C'est un départ, un champ d'écriture autre qui s'ouvre à moi. Offrir à lire mon journal de bord, un journal qui dépasserait le champ de l'intime et qui, presque à livre ouvert, donnerait à voir en toute simplicité mes luttes internes, les obstacles du terrain mais aussi la sérénité d'un travail accompli. J'ai envie de partir de mes peurs, de mes angoisses, de mes émotions, de ce qui me dérange et qui cependant nourrit ma pratique.

Dans le texte qui suit, je développerai en quoi le journal de bord m'a permis de réfléchir et redéfinir mon identité, tant personnelle que professionnelle, au sein d'une association dont les bénéficiaires sont essentiellement des femmes victimes de violences conjugales, en quoi il m'a aussi permis de mettre au travail mes préjugés et autorisée à faire face à la souffrance liée à des parcours précaires. Ensuite, j'aborderai comment le journal de bord a permis à l'ensemble de l'équipe de mettre de la distance par rapport à la pénibilité de son travail et quelles en ont été les répercussions quant à leur intervention d'aide auprès des bénéficiaires.

Le contexte professionnel

A chaque nouveau projet de travail, je rédige un journal de bord personnel. Il est plus qu'une habitude. Il est un besoin. J'écris pour me calmer. Calmer le défilé sauvage de mes pensées, les rebondissements, hypothèses, articulations et intérioriser les émotions qui me traversent. C'est une décharge, elle m'est nécessaire pour me rendre disponible et permettre à l'inattendu d'être accueilli. Ouvrir mon journal de bord et le rendre lisible, je sortirai grandie d'une telle épreuve et ma pratique en sera fortifiée. Il me semble que de donner à voir ces écrits transitoires, sans les épurer, sans céder à mes propres jugements, me mènerait à plus d'intégrité en occupant une place en tant que sujet. Non plus celui qui écoute, le tiers, le média, qui se nourrit des mots d'autrui pour rédiger son document final mais bien le cheminement d'un « Je » qui se cherche et se construit, le cheminement d'une identité en devenir. Il ne suffit pas, en effet, de rédiger un journal de bord pour que celui-ci devienne le témoin de l'élaboration des réflexions et de leur mise en pratique. Encore faut-il le travailler ! Cet écrit se veut le témoin de ce travail.

Un mardi de novembre, entretien d'embauche

J'ai déjà acheté un cahier pour ce premier entretien d'embauche. J'écris son titre : *Précarité et nouvelles formes familiales/nouveaux rôles parentaux pour les femmes esseulées originaires du Maghreb*. Il s'agit de superviser le travail de recherche d'une équipe de médiateurs et de psychologues, une recherche basée sur le récit de vie et financée par un fond privé. Je ne suis pas un premier choix pour ce service. La personne devant assurer leur supervision s'est désistée et c'est dans l'urgence d'échéances à remplir face aux donateurs qu'ils me reçoivent. L'achat du cahier participe à ce facteur de second choix, comment puis-je ne pas être dans l'ombre de cette « autre » et assurer ma place du haut de mes trois pommes ?
Un dossier conséquent avait été présenté au donateur qui finance le projet et je note désarçonnée quelques questions : Quel est le projet ? Récits de vie ? Groupe de paroles ?

Entretiens ? Qui va mener les récits ? Pourquoi retranscrire les entretiens collectifs et les restituer au groupe ? Dans ce premier temps, mes questionnements me renvoient le mot incapable, tu n'es pas capable. Que dire au rendez-vous prévu demain ? J'ai, un rien perdue, avant l'entretien d'embauche, relu mes notes. Cette sorte de révision de mes écrits, cette mise à distance a réaffirmé une première impression, sitôt ressentie sitôt évacuée, il ne s'agissait pas de superviser cette équipe mais bien de la former et de l'accompagner. Ce dossier, au contenu intéressant, était mal ficelé. J'étais bien dans mes domaines de compétences : récits de vie de parcours d'infortune et de souffrances traumatiques, analyse et transmission. J'étais capable. Je pars confiante au rendez-vous. C'est rassurant d'être en partance avec moi, ai-je écrit en chemin suite à l'inventaire de mon sac à main. J'ai toujours, d'une part des biscuits et des mouchoirs et d'autre part, un crayon et du papier. Je suis quelqu'un de très pratique qui écrit des poèmes. « Il n'y a pas de hiérarchie dans les expériences que nous avons du monde » (Ernaux, 1993) et j'espère avoir assez d'audace pour donner à le voir, comme à l'instant, avec le contenu de mon sac à main.

C'était un bon entretien. Ils étaient quatre. Mon parcours professionnel lié au récit de vie de traumatismes intentionnels, une vie à l'étranger dont plus de trois années au Proche-Orient, une formation en victimologie appliquée et mon plaisir d'écrire se sont mêlés à leurs expériences de travail et leur crainte pour mener le projet à terme. Je les quitte cependant avec un sentiment mitigé, sorte de malaise lié à l'entretien qui a servi à clarifier leur projet plutôt qu'à s'intéresser à moi, à mes compétences... Ai-je été utilisée pour débroussailler le projet ? Peut-être... Mais la conversation généreuse et franche me fait dire que bon, tant pis, c'était un bel échange.

Le jour qui suivit

J'attends de leurs nouvelles. Je tape le nom du quartier sur internet et note qu'il est appelé le « croissant précaire » en lien avec l'islam, première religion supposée de ce quartier. Mariages forcés, mariages blancs, vols avec violence, violence intraconjugale, milice privée de gardiennage, formation de self-défense s'affichent sur le net, autant de drames qui alimentent la discorde politique quant à l'intégration des émigrés. Combien d'années reste-t-on un émigré ? La plupart sont arrivés dans les années 70 lors de la dernière migration ouvrière organisée par l'Etat. Je poursuis mes recherches. Cette activité témoigne de mon désir de m'investir dans un projet politique et social. Je reçois sur ma messagerie quelques mots de la responsable du projet : *Merci pour le moment intense passé avec vous*. Je fais une impasse sur ce message. Je l'oublie et m'installe dans l'attente fébrile d'une réponse quant à mon engagement.

Une semaine plus tard

Je revois l'équipe pour fêter mon engagement. Une psychologue arrive avec un certain retard, franchement désolée mais elle se trouvait au parquet pour une affaire de meurtre. Dans le métro, je saute sur un journal : *Ce lundi, une femme a été poignardée par son ex-époux. Les secours arrivés rapidement sur place n'ont pu que constater le décès, elle avait été frappée à dix reprises.* Je découpe et colle, ajoute un titre : *Voilà le contexte du travail !* Mon malaise par rapport à l'équipe ne s'est pas tout à fait dissipé. Rien d'objectivable cependant. Je relis mes notes d'entretien et continue à attribuer celui-ci au fait de ne pas être un premier choix. Je m'essaie à une écriture libre : *sentiment d'être une roue de secours, une hésitation possible ... Pourquoi est-ce moi ? Quelle est ma légitimité ? Est-elle liée à ma personnalité, mes compétences, la rémunération souhaitée ?* J'ajoute : *Quand ai-je été un premier choix ? Etre la petite préférée... Nous y voilà.* Selon Paul Ricœur, le texte est la médiation par laquelle nous nous comprenons nous-même. A relire mes notes, je me trompe de champ de batailles, il est interne et non externe. La méfiance est un sentiment étrange et insidieux. Quand elle s'invite dans une relation, l'estime de soi s'en trouve blessée et puis temps et patience sont nécessaires pour s'accorder et entrevoir une relation dénuée de son impact.

Le jour suivant, un vendredi

Ce matin, je découvre la morgue de l'institut médico-légal de Bruxelles. Dans le cadre de la formation en victimologie appliquée, je me fonds dans divers univers liés aux victimes. J'écoute à peine les propos de l'employé communal, la femme dont parlaient mes nouveaux collègues gît là dans un étui blanc. Je suis perdue, comme dans un glissement, un enchevêtrement des espaces lieux entre mon nouveau travail et ce lieu d'autopsie. Les paroles incongrues de l'employé communal me retirent du trouble éprouvé : *Les corps arrivent la nuit par l'ascenseur, dit-il d'un ton pragmatique, puis vont dans la chambre froide où je les récupère le matin. On attend ensuite le médecin légiste.* Je note l'ensemble de cet échange. *Depuis combien de temps travaillez-vous ici ?* Il regarde en haut à gauche, hoche la tête. *Euh... je ne sais plus !* dit-il amusé. Un quotidien bien huilé qui lui fait oublier depuis combien d'années, il fait ce métier, un métier où les morts, tels les vivants prennent l'ascenseur et patientent. Un calme profond m'enveloppe, un apaisement. La non différenciation entre le monde des vivants et celui des morts est une thématique récurrente dans mon parcours. Elle est celle qui nourrit mon écriture poétique. L'écriture joue le rôle d'un rite d'enterrement dit le philosophe et historien français Michel de Certeau, elle exorcise la mort en l'introduisant dans le discours. L'écriture donne ainsi vie à ce qui est advenu et autorise une inscription dans le temps. Cet espace intermédiaire, cet entre-deux flottant, dans lequel j'évolue avec familiarité, pour le comprendre, il m'a fallu revisiter l'histoire familiale.

> Chaque société a ses tabous et les non-dits qui en découlent. Une société « libérée » comme la nôtre n'échappe pas à la règle. Le tabou d'aujourd'hui, ce n'est plus le sexe [...] Le tabou d'aujourd'hui, c'est la mort. La mort inexplicable qui met fin à la vie des... mortels et devant laquelle la médecine s'avère à tout jamais défaillante. C'est cette mort-là qui est tabou. (Maisondieu, 2010)

C'est bien pour tenter d'élaborer et permettre la transmission d'un vécu dont un des contenants est resté sans signifiant, le noyau froid du traumatisme, que je suis en mouvement. Il s'agit de rendre compte du néant, de cette mort qui habite le sujet.

La phase préparatoire, le mois de décembre

Mes angoisses et mes livres. Je vais à une exposition qui annonce un regard alternatif sur les femmes du monde arabe. Une photographie de l'équipe de football marocaine, onze jeunes femmes bien rangées, vient remplir l'objectif annoncé, questionner mes stéréotypes. La légende est celle-ci : *Le football, un moyen pour se forger une identité en dehors de la famille*. Je remplis mon journal de bord. Je me nourris du monde dans la phase préparatoire. Je découpe un article sur une association qui se bat contre la réduction de la mixité de genre dans les espaces publics dont les cafés. Les cafés dans lesquels s'ajoute une bataille pour l'accès à internet, une avancée sans frontière vers la modernité. Je lis beaucoup. Je lis, un ouvrage issu de la thèse de de Villers (2011) : *Arrête de dire que je suis marocain...* A présent, je connais cette fringale, cette boulimie préparatoire. Je peux, aujourd'hui, la nommer, c'est l'angoisse. J'ai conscience du processus y compris celui qui me fait recourir à la poésie, sorte de tiers dans lequel je me récupère. Je l'accepte. Ce besoin de connaissance est un de mes mécanismes de protection, la poésie en est un autre.

> Le témoignaire, fixé aux faits traumatiques, devient incapable de laisser monter en lui des images, empêché ainsi dans son travail associatif, comme le témoin l'a été et l'est encore parfois. Cette destruction de l'espace imaginaire caractérise l'emprise traumatique. […] Les effets se caractérisent par une intense activité de documentation, dont l'accumulation est le fait le plus marquant. […] Comme si se gaver de documents, c'était se gaver de visible, dans l'espoir toujours déçu d'une possible figuration… (Waintrater, 2003)

L'histoire familiale

Elle m'a hantée durant la nuit. Qu'écrire pour m'apaiser à présent ? J'essayais d'organiser la vie de ma famille et particulièrement celle de ma mère. Ma mère était très attachée à ses morts. Elle a connu une série d'événements biographiques douloureux, je suis la cadette d'une fratrie de six. Nous sommes trois en vie. Il y a des réalités que l'on ne peut nier. La mort de son père à la veille de la seconde guerre mondiale avait déjà créé un manque de soutien dans le monde des vivants, le ventre qui crie misère, les mains rougies par le froid. Elle souffrait depuis son enfance d'un handicap sensoriel lié à l'audition. Malentendante, elle se racontait paisiblement rouler à bicyclette et se jeter dans le fossé quand dans le ciel habité, la vue d'obus l'insultait. Elle s'est construit un univers d'apparence tranquille dans lequel les émotions, si ce n'est l'amour dans ses grands yeux bleus, transparaissaient peu. Me voilà à penser pour ma mère, une fois encore, je m'exprime pour elle. Je suis un *cadeau du ciel* se plaisait-elle à dire. Unique enfant de la maison, les aînés sont grands, je porte sa parole, anticipe ses besoins, je suis l'interface entre elle et le monde social. Avec un sourd, on ne discute pas, on va à l'essentiel. C'est basique, les épanchements sont disgraciés. Sa quiétude proche du détachement a longtemps fait figure d'idéal. Malentendante, ce handicap sensoriel, la détachait du commun des humains. Son monde n'a pas été le mien mais j'ai tenté d'y prendre place. Je me suis investie dans la relation, celle qui permet d'entendre ce qui peine à être audible, afin d'être passeur, un relieur dans la réinscription du sujet au monde partagé. Très vite, j'ai été média. Mon père quant à lui trouvait dans la philosophie, l'étude comparée des religions, l'esthétique, une connivence intellectuelle avec toutes les formes du trépas dont celle de sa propre reconnaissance sociale.

> Perdre un enfant, c'est perdre le projet même de sa vie, le pourquoi de la vie, la projection dans l'avenir, l'espoir de transcender la mort (l'enfant devient en fait le projet d'immortalité de chacun). Ainsi en langage professionnel, la perte d'un parent est-elle « la perte de

l'objet » (l'objet étant une figure qui a joué un rôle effectif dans la constitution du monde intérieur de chacun), alors que la perte d'un enfant est la « perte du projet » (la perte du principe d'organisation central de sa propre existence, n'expliquant pas seulement le pourquoi mais aussi le comment de l'existence). (Yalom, 1989)

D'origine modeste mais éduqués, tous deux en perdant leurs enfants, m'ont entraînée dans une sorte de rituel, réceptacle de la vie, témoin vivant des morts. Je voulais être taxidermiste pour redonner la vie ou déguiser la mort mais je me suis finalement tournée vers les récits de laissés pour compte, pour m'orienter enfin vers ceux qui ont vécu le « réel de la mort ». Du moins, c'est la version écrite aujourd'hui.

Janvier, premier mois

Je sors de la bouche du métro mon sac à main bien accroché. Les voitures s'arrêtent au passage pour piétons, le café du coin s'appelle *La chope*, un enfant suit les yeux fatigués sa mère en ronchonnant. C'est un quartier analogue au mien, comme tant d'autres. Ce n'est qu'une fois la porte du service poussée que la plainte se fait entendre, une plainte qui nous renvoie à notre condition d'humain, à ce que nous sommes prêts à accepter ou non en tant qu'être humain. Alors que l'on pourrait y voir un groupe homogène, même pas une famille mais tout un quartier qui porte le stigmate de ceux qui enfreignent la loi, c'est la rencontre avec la singularité de ceux qui subsistent à la souffrance qui se révèle. J'écris ce qui m'est témoigné.

Je me propose d'observer la permanence du service d'assistance aux victimes dans lequel travaillent les deux psychologues histoire de m'imprégner de leur quotidien, d'observer leur pratique et de mieux réfléchir au dispositif de formation et de recueil de récits. Lors de la permanence, je suis en retrait. J'écoute, note quelques phrases au vol. *Moi parler petit français dit-elle avant de s'effondrer en larmes*. Elle soupire *Madame tranquille. Dégage ! Dégage !* lève le dos de sa main pour essuyer ses yeux détrempés quand une musique gaie de la poche de son manteau d'hiver interrompt son geste. C'est son portable. Je décris une attitude, un habillement, un timbre de voix, les portables qui font la fête et empêchent la poursuite de la relation. La poésie se glisse presque à mon insu dans le journal de bord. Lors de ces rencontres, il nous faut questionner sur le factuel *de quoi avez-vous besoin ?*, tout en sachant qu'il s'agit de besoin primaire, du matériel : des couches pour les enfants, un repas chaud, un jouet pour agrémenter le temps, de l'aide pour déposer une plainte, obtenir un papier administratif. Puis en général leur identité déclinée, je n'élabore rien, je souris et serre les mains. Mon journal se vide, rien à dire… Je suis vidée. L'approche narrative n'est pas au rendez-vous or c'est bien cela qui justifie ma présence et mon engagement.

Dans mon journal de bord, je perçois que je ne suis pas dans la co-construction, je suis à explorer une part de moi, en retrait elle aussi, à l'image de ma présence auprès de ces personnes victimes. La poésie refait surface, prend place. Comment m'expliquer ce retour de l'empêchement, c'est-à-dire l'impossibilité d'appeler un chat un chat ? D'une part, il n'y a pas d'élaboration de la part des victimes, les chocs répétitifs et les nécessités vitales auxquelles elles se heurtent ne leur permettent pas de sortir du chaos de l'existence. Cependant, des valeurs fortes sont exprimées lors de ces entretiens : *Avant, il cassait tout, la vaisselle, tout. Ce n'est pas un homme ça, c'est un voyou.* Une autre dira à propos d'un membre d'un service d'aide financier qui a oublié un rendez-vous crucial : *C'est grave quand on dit qu'on vient et qu'on vient pas.* Ne pourrais-je m'appuyer sur ces valeurs pour construire une relation autre et élaborer ensemble un possible devenir ? D'autre part, il me semble avoir une part de co-responsabilité dans cette non-élaboration. J'ai déjà éprouvé cette difficulté face à des émotions chargées négativement, le monde des mots fait défaut. J'écris les questions que nous posons : *Qui vous a frappé Madame ? Ce n'est pas normal. Quelqu'un a assisté à la scène ? Vous savez qu'il est interdit de menacer quelqu'un de mort ? Vous avez porté plainte ?* La personne parle de sa souffrance et nous qui écoutons, parlons des faits. Si ce service d'assistance aux victimes ne peut entendre la souffrance, qui peut m'entendre ? Je relève l'ambiguïté de cette phrase en « je ». Je ne corrige pas et bloque ma réflexion.

L'équipe est à bout, le froid persistant de cet hiver 2012 est comme un glaive dans la misère. Etre à la rue, une épreuve de vie ou de mort. Deux assistantes sociales d'un centre d'aide ont été agressées violemment par leurs bénéficiaires. Je ne peux poursuivre cette formation sur le même tempo. La lecture de mon journal de bord fait éclater l'angoisse, angoisse du monde extérieur, angoisses professionnelles, existentielles... Me vient cette idée : Pourquoi serait-ce différent pour mes collègues ? Ce travail ne peut que rencontrer la souffrance et l'expérience a besoin d'être racontée, exprimée et travaillée pour mettre du sens sur les ressentis et envisager d'autres significations. L'équipe vit le drame en permanence, c'est un quotidien. Les vols, violences conjugales, agressions du personnel sont relégués au profit des « vraies » souffrances que sont les vols avec agression, séquestration, viols ; les petits délits sont relégués au statut du « pas grave » par une grande majorité des intervenants, des assistants aux magistrats. Les agressions sont classées par ordre d'importance. C'est un véritable processus de minimisation qui est à l'œuvre. Comment accepter l'échelle de la douleur ? Comment accepter la banalisation de la souffrance en sachant que tôt ou tard les petites agressions seront devenues minimes, les vraies des petites, etc. Comme s'il était impossible d'enrayer un processus devenu inéluctable. N'est-ce pas là un empêchement à l'élaboration, le sentiment d'être inefficace et la perspective du pire ?

Je leur propose d'utiliser un journal de bord, tout comme moi, pour élaborer ce qui nous, car c'est bien d'un nous qu'il s'agit, arrive. La séance consacrée à l'utilisation du journal de bord durera plus de trois heures. J'entends le besoin d'exprimer et d'extérioriser son vécu d'intervenant. Le journal de bord apparaît en sauveur, un support accessible, personnel et professionnel. Il démontre aussi la confiance qui m'est témoignée et à quel point, prise dans des enjeux personnels, je n'avais pas perçu le climat de confiance qui m'était accordé.

L'équipe, comment vais-je travailler ?

Je vais présenter la méthode de René Barbier, professeur émérite à l'université de Paris VIII Saint-Denis en sciences de l'éducation et spécialiste de la Recherche-action : *le journal d'itinérance*. Cette méthodologie m'a été enseignée lors de la formation à l'accompagnement en sociologie clinique par Alex Lainé, philosophe et docteur en sciences de l'éducation, qui souligne que dans cette appellation *Journal d'itinérance*, il y a le mot itinéraire et le mot errance. Il signifie un trajet qui ne sera pas forcément rectiligne.

Le journal d'itinérance est un journal en trois étapes.
La première est appelée le **journal brouillon**, il s'agit de noter à la volée tout ce que vous voulez, tout ce qui vous vient à l'esprit, sur un ticket de tram, un bout de nappe... C'est la partie intime du journal, elle est sans effet de style recherché. Dans le roman *La carte et le territoire* de Michel Houellebecq (2010), l'inspecteur de police chargé d'enquête exprime clairement l'objectif de cette part brouillonne :

> *On ne devrait laisser passer aucune journée d'enquête sans avoir pris au moins une note, insistait-il, même si le fait noté vous apparaissait d'une totale absence d'importance. La suite de l'enquête devait, presque toujours, confirmer cette absence d'importance, mais l'essentiel n'était pas là : l'essentiel était de rester actif, de maintenir une activité minimale, car un policier complètement inactif se décourage, et devient de ce fait incapable de réagir lorsque les faits importants commencent à se manifester.*

La deuxième étape est celle du **journal élaboré**.
Je vais lire mes notes, celles du journal brouillon, avec un regard réflexif, faire des liens avec une sorte d'écoute flottante qui fera naître de nouvelles réflexions. Je les note aussitôt. Je me mets en contact avec un lecteur imaginaire et écris ce que j'ai à dire sur le sujet. Un texte travaillé dans une structure libre. L'idée est d'en faire un texte socialement partageable. Ici, je

pose déjà un regard réflexif sur ce passé. C'est en quelque sorte l'étape rédigée pour ce chapitre.

Ces textes mènent à la troisième phase qui est celle du **journal commenté**. Je lis à mes collègues le texte rédigé. Je suis à l'écoute des réactions et les note, j'essaie de repérer ce que j'induis, pour qui j'ai écrit, pour quoi j'ai écrit. C'est le retour au journal brouillon. Je pourrais y réfléchir plus tard et recommencer un autre journal élaboré, qui sera, de nouveau commenté et ainsi de suite …

Le journal de bord comme « instrument d'intégrité personnelle et professionnelle qui dirige la conscience vers la compréhension de ce que nous sommes et de ce que les autres sont » (Vasconcelos, 2004) est adopté par l'équipe. Je constate un certain empressement, une fébrilité quant à l'achat d'un cahier et sa future utilisation. Une collègue me confie qu'elle a besoin de retourner au réflexif. Elle se sent impuissante et fatiguée. Elle éprouve de la colère même si l'ambiance au bureau est bonne et soutenante. Une autre avouera attendre beaucoup de notre projet pour vivre sa pratique autrement et pouvoir l'envisager sur le long terme. La formation sur le JB lui a fait du bien. L'idée d'un journal la soulage. Elle y voit un support puissant, contenant. Elle l'a même recommandé à une bénéficiaire dont le suivi se termine. Elle a acheté un cahier bleu quadrillé avec des fleurs roses sur le côté mais elle n'est pas satisfaite. Elle prend son temps de midi pour fouiner dans une papeterie mais revient déçappointée. Rien ne lui plait. Elle veut un beau et s'interroge sur son format. Elle aime le mien qui se referme grâce à un élastique sur le côté droit. Tous ces détails sont à la hauteur de l'investissement et/ou de l'espoir qu'elles projettent en lui.

Février

La formation se poursuit. Les bénéficiaires ne sont plus uniquement perçus dans cette identité fermée de victime mais bien en tant que personne en situation de souffrance qui traverse une crise. Une crise au niveau intrapsychique (angoisse, peur…), au niveau interpersonnel (coupés des siens, de ses origines, isolés…) et au niveau supra qui se manifeste par un manque de confiance dans les institutions (police, parquet …). Ces trois niveaux sont noués (réalité interne) mais offrent différentes possibilités d'intervention (réalité externe). Nous avons des hypothèses bienveillantes, des pistes compréhensives, tout un dispositif qui se crée avec me semble-t-il un réel travail informatif et politique qui contribuera à montrer « en quoi notre rôle peut contribuer à empêcher que cela recommence comme un service rendu à la collectivité pour renforcer une solidarité active contre le mal » (Gaulejac, 2008).

Les supports destinés à la recherche sont au cœur de nos débats. Nous explorons les projets parentaux, ceux qui animaient la génération qui a migré et ceux qui animent les mères isolées et stigmatisées, par la société d'accueil et par les leurs. J'ai du plaisir et je sens celui-ci partagé et gagner la pratique de mes collègues. Une écoute autre, non plus celle reliée à la plainte ou au conflit, mais complexe prend place où la prise en compte des enjeux sociaux et psychiques leur permettent de construire une compréhension autre des parcours des bénéficiaires. En tant qu'accompagnatrice, en parcourant mon journal, je suis émerveillée par le chemin pris.

Une collègue me dit dans l'espace confiné de la cuisine : *J'ai deux journaux de bord, celui du boulot et le mien. Le mien, je l'ai appelé mon carnet privé privé. Quel bonheur de t'avoir rencontrée !* C'est inattendu et l'émotion nous gagne. Elle ajoute :

> *Je me vivais comme quelqu'un de très oral et je me rends compte que oui, nous en parlons entre nous, mais cela ne fait rien. Je reste avec l'émotion. Ce n'est pas la situation que je traîne. Ce que je traîne, c'est le ressenti, je reste avec. Avec mon carnet privé, privé, c'est différent. J'écris sans retenue. Ecrire m'apaise. C'est juste me demande-t-elle d'écrire comme cela ?*

Je réponds : *Une écriture brute ? Oui, je cherchais le mot me dit-elle, brute, c'est ça, c'est ce mot là que je cherchais.*

L'expression qualifiée d'écriture brute éveille en moi un parallèle avec sa pratique. La prise en charge de la violence externe ne trouvant pas de cadre adéquat et de sens, le carnet privé privé offre un contenant pour y déverser, y recueillir cette part de ressenti qui se traduit par une fatigue, une chute de l'idéal entre l'investissement fourni et les résultats, tous les critères finalement qui mènent à l'épuisement professionnel. Le carnet borde, il offre un cadre sur lequel elle se met à élaborer.

Je leur propose de travailler leur écrit, de passer à la deuxième phase du journal d'itinérance, celle du journal élaboré. Nous sommes au mois de mars.

Première semaine de mars

L'équipe est au complet réunie autour d'une table, nous avons prévu, lors de la journée de formation précédente, de lire à haute voix notre écrit issu du journal brouillon et d'ensuite recueillir les commentaires des uns et des autres. C'est le journal élaboré.

> *Pourquoi ai-je tant tardé à ouvrir mon journal de bord ? Est-ce dû à une incompréhension du mécanisme entre la phase élaborée et commentée ?* dit une première. *Pour moi, c'est nouveau. J'ai besoin de repères avant de m'engager. Moi, j'ai lu « Les sources de la honte »* (Gaulejac, 1996) *et cela évoque des ressentis en lien avec mon histoire. J'ai des notes genre fiche de lecture, c'est tout.* Le tour de table se poursuit : *Je n'ai pas de journal de bord, je n'ai rien lu. Il faut que je passe à l'acte. Je ne sais pas pourquoi. Ce n'est pourtant pas le manque d'intérêt !*

Je suis surprise. Il me semblait que la proposition de travailler avec le journal de bord suscitait un réel plaisir et répondait à un besoin. A me centrer sur les bénéficiaires dans le dispositif de formation, j'ai peut-être négligé que les intervenants ont eux aussi leurs propres logiques de fonctionnement, leurs timidités, empêchements et résistances. Il me renvoie au fait qu'il ne suffit pas de suggérer une pratique du journal de bord pour que celui-ci soit efficient, il aurait fallu mettre en place un processus d'accompagnement dont celui du regard à porter sur ces écrits non valorisés. Je leur demande avec douceur si lire mon journal de bord, leur partager ma pensée, mon univers, serait soutenant pour eux ou inhibant. Ma proposition de lecture est acceptée avec un réel soulagement. Cela se voit, les corps se détendent, se relâchent et s'adossent au dossier des chaises. Je précise que ma position est autre, en tant que formatrice, mon journal de bord accueille mes doutes et interrogations sur mon accompagnement et y sont consignées des descriptions liées à l'observation de leur pratique, des réflexions sur la thématique et d'autres sur mon parcours personnel.

Ce n'est pas la première fois que je mouille ma chemise et que je m'implique personnellement dans un dispositif de formation. Je rechigne à le faire mais parfois je ressens comme un impératif, une demande implicite et cruciale pour la poursuite du projet, celle de devoir montrer ce que j'ai dans le ventre. Il s'agit de reconnaissance, le passage par le regard d'autrui, source du lien, qui permet de s'embarquer dans une œuvre commune. Ils travaillent ensemble depuis de nombreuses années, dix ans, quinze ans, qui suis-je pour poser mon regard sur leur savoir ? Je me suis leurrée en utilisant un nous. Je suis une extérieure et je suis de passage, je n'ai pas accumulé les jours et les jours, les connivences, les tensions, coups de gueule, coups de *blues* que traverse une équipe et qui bon gré mal gré la soude. J'accepte ces réticences. Mieux, je les comprends. Ce soir, j'irai certainement au restaurant. J'irai voir un spectacle époustouflant de danse contemporaine et je rentrerai un rien fatiguée. Demain, je prendrai un train pour la mer où j'écrirai quelques pages pour un article dont la publication me réjouis. De la cafétéria, à l'abri de l'embrun et des oiseaux criards, j'écrirai un poème, un texte libre ou une proposition de formation. Je marcherai dans le vent. Je marcherai vers l'estacade pour me retrouver face à la mer. L'écriture me fait avancer, elle me libère. Face à la mer, je suis sans attente.

Dans mes écrits, il n'y a plus de frontière. Je suis presque entièrement moi. « Je n'ai ni ambitions ni désirs. Être poète n'est pas une ambition que j'aie, c'est ma manière à moi d'être seul » (Pessoa, 1999). Dans mes écrits, c'est un « Je » qui cherche à être au monde. Je leur lis le texte issu de mon journal élaboré intitulé ***Janvier, premier mois***. Ce texte se termine non innocemment sur l'engouement qu'avait provoqué l'utilisation d'un journal de bord.

Le sourire franc, d'une main énergique, l'une ouvre son journal de bord et lis la première page : *Allez courage ! D'abord me mettre en disposition clinique. Chercher à élaborer mon propre rapport au thème aussi loin que possible.* Elle poursuit avec quelques phrases éparses et ce faisant, je constate que les autres tournent les pages de leur journal et qu'elles sont loin d'être blanches. Pattes de mouche, lettres rondes, leurs journaux existent et se remplissent. Quelle était donc la difficulté évoquée à s'y mettre, le prétexte du temps et de l'incompréhension évoqués en début de session de travail ? Je sens un malaise face à mon interrogation. Le regard en coin, signe de leur histoire commune, le monde des sous-entendus se joint au silence et me mets en attente. Je romps rarement de tel silence. *Je fais beaucoup de résistance* lance finalement l'une d'elle.

> *Oui, j'ai écrit mes ressentis. J'ai été victime d'une agression verbale qui m'a profondément marquée. Je l'ai écrit et c'est une remise en question de ma manière d'agir. Je développe un rejet par rapport à une population qui me rejette. Est-ce que le jeu en vaut la chandelle ? Tu comprends ? Avec le journal de bord, ta lecture aussi, j'ai un regard critique sur ce service. C'est un service instrumentalisé. Cela demande beaucoup trop d'énergie de changer tout ça alors je suis dans le système avec une implication moindre.*

Ce qui m'est renvoyé là est costaud, je ne m'étais pas préparée à une telle crise même si l'une d'entre elle m'avait déjà fait part de son envie, suite aux bouffées d'air procurées par les séances de travail précédentes, de quitter un jour le service. Elle poursuit : *Pour moi, ce serait du suicide de changer ça. Comment faire sans se démolir ? Sans devenir un instrument ? Faire un travail qui a du sens tout en répondant à la demande de l'institution.* Me voilà prise dans une problématique autre que celle liée à mon mandat et certainement mes compétences, celle liée à la souffrance des intervenants psycho-sociaux. J'étais pourtant celle qui avait déclenché l'expression de cette souffrance et je devais en faire quelque chose. Il se fait que j'ai mené en 2009 une recherche basée sur le récit de vie sur le thème de la souffrance des écoutants dans des cadres non thérapeutiques et ce pour l'obtention d'un diplôme (DUCERH/Lille1). Nous avons longuement et tardivement échangé avec sincérité sur nos ressentis et expériences.

Je les ai quittés peu rassurée. Ce que le journal de bord avait provoqué me dépassait quelque peu. Aurais-je pu anticiper la crise et mettre un dispositif en place ? Là n'était pas mon rôle. Aurais-je du l'éviter ? Mais pourquoi l'éviter ? Dans une expérience professionnelle précédente, l'équipe, sous une impulsion autre que le journal de bord, avait aussi éclaté et pour un mieux me semblait-il. Je ruminais, et ballottée dans un métro bondé, je me suis accrochée, je ne sais pour quelle raison au mot crise en chinois dont je venais d'apprendre la signification. Il est composé de deux idiomes : danger et occasion.

Le lendemain, c'est Paris

Notre groupe d'échange *Ecriture des pratiques et pratiques de l'écriture en histoires de vie* se retrouve et je m'en réjouis. C'est un lieu où je peux faire part de la problématique soulevée hier par le journal de bord. Ce groupe est en quelque sorte le lieu de mon journal commenté. Je me suis apaisée depuis lors. Dans le train, ce matin, j'ai repris l'ensemble des commentaires suite à la lecture de mon journal élaboré et ce qui en ressort est un tout autre sentiment, celui de l'idéal impossible. *Est-ce que nous passons à côté de la souffrance des gens ?* se demande dans un premier temps celle qui déclencha le débat. *Ton texte est beau et intéressant pour nous. Qu'est-ce qui nous empêche d'élaborer ? J'ai toujours mis cela sur la culture des gens mais c'est à revoir.* Une autre acquiesce :

> *Dans ma fiche de lecture sur « Les sources de la honte » de Vincent de Gaulejac, j'ai noté quelque chose qui dit ce que tu nous as lu. Le système entretient la précarité. D'une part, on leur demande d'être autonomes. D'autre part, on les assiste. C'est une caricature mais… C'est vrai ça,* ajoute une autre, *on doit dans notre mission les*

autonomiser. Ils ont la solution ! Et on en vient à les assister et à leur reprocher de ne pas se prendre en charge.

A relire mes notes, ce n'est pas le mot crise qui me vient mais prise de conscience douloureuse du système dans lequel leur pratique s'inscrit et qui provoque une crise. Là se trouve le découragement et non dans l'exercice de leur fonction. Des phrases comme :
J'ai appris la politique en arrivant ici, on déforce les associations, il n'y a aucune empathie pour notre travail. Je fais mon boulot correctement mais j'ai fait le deuil de ce que je voulais faire quand j'ai commencé. Je me rends compte que j'ai développé une stratégie qui répond à la demande des bénéficiaires, juste leur besoin, de quoi ils ont besoin, c'est tout ou encore *Pour tenir, je me réserve des plages qui font sens dans mon travail. Je me dis, mince, je tiens comme ça. Je suis fatiguée en fait,*
témoignent de l'écart voire des contradictions entre l'investissement des intervenants et le système mis en place par les institutions pour y répondre.

La pratique du journal de bord les a dans un premier temps emballés, ensuite l'écrit objectivable les a confrontés à ce qu'ils ne pouvaient peut-être pas voir sous peine de craquer. Quelque chose qu'ils savent pertinemment pourtant mais qu'ils ne peuvent pas regarder. L'incapacité à élaborer au départ de leur journal brouillon serait une défense. L'écriture donne à voir leur pratique sur un tout autre plan. Il y a prise de conscience que la prise en charge des aspects uniquement psychologiques des bénéficiaires ne va pas résoudre la question et qu'ils sont mal outillés par rapport à une compréhension plus globale, plus sociale de la personne. Les bénéficiaires tournent en rond dans ce système d'aide et leur reviennent. Ils en éprouvent un découragement, une lassitude qu'ils renvoient aux bénéficiaires. Une image invalidante en miroir peu à peu les lie. Notre groupe d'échange *Ecriture des pratiques et pratiques de l'écriture en histoires de vie* manifeste un vif intérêt à mon écrit préparatoire où telle une mise en abîme, je donne à voir comment se construit ma pratique.

Le groupe attire mon attention sur ce moment charnière, sur cette phase importante où il s'agit de remobiliser dans leurs fonctions les différents acteurs. Démissionner n'implique pas forcément une sortie du système. Démissionner, c'est parfois replonger dans un autre système tout au plus, le groupe me renvoie aux écrits de Jacques Rhéaume, sociologue et professeur du département de Communication sociale et publique de l'Université de Québec. Je le contacte aussitôt. Le mot *idéal* a fait son entrée. De ma chambre d'hôtel, Paris me semble immense et ses artères éparpillées.

Quelques jours plus tard

J'avais fixé une date assez rapprochée pour ne pas laisser le temps à des ressentis négatifs, des malentendus de s'installer. Je retrouve l'équipe non pas sans inquiétude, mais sereine quant à ma place et le rôle que je peux jouer au sein de ce système. Je leur rappelle le caractère subjectif de mon texte et la possibilité de réfuter mes propos. Le fait aussi que je ne suis pas là en tant que superviseuse mais bien en tant qu'accompagnatrice et formatrice en récit de vie. J'émets l'hypothèse que la non-élaboration de leur journal de bord est le résultat de facteurs multiples liés aux victimes (culturel, chaos de l'existence…), aux intervenants (fatigue, stress, non reconnaissance…) et aux institutions (ambiguïté de leur mandat) et qu'il y a là différentes pistes à explorer pour soutenir la réflexivité. Bien que présente, l'équipe est accablée par une affaire pénible, un infanticide, et les différentes audiences pour assister la maman dans cette épreuve monopolisent leur énergie et leur attention. Je poursuis malgré tout sur ma lancée, intimement convaincue, mais dans un temps qui n'est certes pas le leur à ce jour, de l'utilité de mon intervention. J'ai un plan pour cette après-midi et je m'y tiens. Je leur adresse cette question : Quel *acte poser pour le changement ? Partir ou transformer mais à quel prix ?* Leur intérêt est manifeste, les yeux ronds, le corps tendu, ils écoutent attentivement les extraits choisis du texte envoyé par Jacques Rhéaume (2008) intitulé *Social cassé, idéal du métier cassé*, extrait de son intervention (non publiée) lors du cinquième colloque interne de l'Institut international de sociologie clinique qui avait pour thème : *La clinique face à la perte des idéaux*. Ce texte est une approche de la sociologie clinique du travail et illustre au travers de l'analyse d'un cas les configurations de l'idéalité au travail dans la société moderne en crise. J'avais pris soin de recopier quelques extraits dans mon journal brouillon :

> *L'on pourrait presque dire que l'on est devant une situation en miroir : d'un côté, des clients démunis, impuissants, dépassés par la complexité de leur situation sociale, perdus dans les dédales des institutions, de l'autre des intervenants qui se sentent impuissants, dépassés par la complexité des problèmes de leur organisation. Cela fait penser à un processus d'identification aux clients. (...) Cela s'accompagne d'un surinvestissement du rapport à la clientèle. De plus, le travail auprès des clients est devenu la seule source de reconnaissance de l'utilité et de la valeur du travail accompli. (...) Ces trois dimensions : processus identificatoire, surinvestissement de la clientèle et quête de reconnaissance sont étroitement intriquées nouant serrée la stratégie défensive.*

Je les interpelle : *N'est-ce pas là ce que nous évoquions lors de la séance de travail précédente ? N'est-ce pas là ce que vous traversez ?*

L'équipe est quelque peu interdite. *C'est dingue, c'est ce qu'on vit. C'est tout à fait vrai.* Ce qu'ils ressentent profondément, personnellement, ce vécu subjectif et singulier, est partagé avec d'autres intervenants à des milliers de kilomètres de là, quelque part au Québec. Avoir mis en lumière rationnellement un ressenti innommé les ébranle mais offre la possibilité de passer de l'isolement individuel à un échange collectif possible. Je leur suggère alors à l'image du travail effectué par Jacques Rhéaume et ses collaborateurs de témoigner des processus dans lesquels ils sont emprisonnés et s'en trouvent piégés. Je poursuis et lis un autre extrait issu de la conclusion tant sa justesse touche les éprouvés évoqués :

> *Nous avons montré dans ce rapport que le développement des stratégies défensives individuelles et partagées marque une double rupture : rupture de*

> *l'individu face à son organisation, rupture de l'individu face au changement social. Ces ruptures sont le résultat des stratégies défensives individuelles de repli, de retrait, de désinvestissement, d'individualisation des rapports humains qui se déploient pour faire face aux souffrances liées à un milieu de travail appauvri et une gestion non soutenante et vécue comme abusive et dévalorisante.* Je leur formule cette question : *Comment concilier crise sociale et crise de l'idéal ?*

Je maintiens mon objectif. Je suis née dans une province austère et triste où les gens ont la réputation d'être aussi froids que le sol sur lequel ils marchent et s'enracinent. A ce descriptif peu favorable s'ajoute l'entêtement, image d'être rustre et buté. J'ai mis un temps long à accepter mes origines et à me dénoncer comme telle. J'ai rusé en adaptant ma diction, en adaptant mon parlé à celui des poètes. Je me reconnais à présent quelques appartenances dans la lettre « a » qui s'éternise et s'allonge entre deux consonnes sèches et dans la faculté à maintenir mon axe de travail quand je sens la justesse de mes interventions. Aujourd'hui, j'aimerais que l'équipe adhère à ma proposition de sortie de crise qui est de produire un texte, un écrit. Ecrire est un acte qui remobilise. Ecrire marque la sortie de l'impuissance. Transmettre, c'est acter de sa mobilisation. Voilà ce que le journal de bord m'a enseigné et que l'équipe accueille à bras ouverts.

Nos séances de travail reprennent, elles se concentrent sur le récit exploratoire, son analyse et le plaisir d'explorer une nouvelle méthodologie, le récit de vie, qui leur font découvrir les bénéficiaires sous un autre jour :

> *J'ai bien vécu mon premier récit même s'il était chargé émotionnellement et que j'avais peur de faire du psy. Je la vois depuis deux ans déjà cette bénéficiaire et j'ai découvert une autre personne, j'ai appris des choses. C'est étrange d'apprendre ça après deux ans. Le cadre a changé la relation. C'est une vision plus globale, moins parcellée.*

Je suis rentrée chez moi le cœur gonflé. Je me suis attachée aux différentes personnes de cette équipe, de belles personnalités qui me font aimer travailler, malaxer et dépasser le simple fait de leur transmettre un savoir.

Jeudi 29 mars, 8 heures 53, en chemin…

Je croise une africaine ce matin sur le chemin du travail qui dans un éclat de rire lance *Je ne sais pas ce qu'ils font dans ce magasin, ils font leur prière on dirait* ... Mon regard passe de son rire à la vitrine du magasin. Il y a quelque chose d'irréel dans cette scène. Les mains jointes, le personnel est statique. Un tableau incongru dans lequel, attirée, je perçois dans les yeux d'une caissière ce que je n'aurais pas dû voir – la folie, la peur et la mort – ce qui se nomme l'effroi. C'est un braquage. Il y a deux hommes armés de kalachnikovs et sept personnes plongées dans la terreur. S'en suit un temps immobile avant que je ne puisse me détacher de ce regard, faire un pas en arrière et revenir au monde des sons et de l'action, et je cours. Quelques minutes plus tard, le gérant gît, de sa tempe coule le sang. Un policier la main sur l'épaule lui parle doucement. Il y a deux femmes dont les jupes sont tachées, mouillées. On dit que la peur fait uriner. Cela doit être humiliant. J'assiste à une véritable chute de mes compétences. Je m'adresse cependant à eux, tremblante, peut-être évanescente. Je suis rejetée : *On n'a pas besoin de vous Madame, partez*. Mon action me semble vaine et me renvoie un décalage profond entre l'investissement mis dans ma formation en victimologie appliquée et ce que je peux en faire.

Une crise profonde venait de me happer. Ce texte n'est pas réécrit. Je suis rentrée chez moi et d'une écriture déformée, saccadée et en tension, j'ai figé ce début de journée. Avec lenteur et précision, j'ai gelé la scène pour y revenir, l'appréhender, la disséquer. L'écriture illisible dit l'incommunicable. J'ai enfoui dans un tiroir les feuilles griffonnées et j'ai rejoint mes collègues. Leurs questions bienveillantes, si simples me sont apparues d'une grande richesse pour accueillir mon rôle de témoin impuissant, ma souffrance, ma culpabilité, ma honte, ma peur, ma fascination aussi. *Ce n'est pas normal* était certainement la seule chose que j'étais apte à entendre. Elles le reconnaissaient et me contenaient face à la menace - l'instant du regard - qui révèle que quelque chose de précieux peut être détruit. « La crainte clinique de l'effondrement est la crainte d'un effondrement qui a déjà été éprouvé » (Davis & Wallbridge, 2009) ou dit autrement, pour reprendre les propos de l'inspecteur de police dans le roman de Michel Houellebecq déjà cité, « c'est l'inconvénient des enquêtes policières, on se retrouve confronté malgré soi à des questions personnelles pénibles ». Elle avait raison cette dame. La victimologie n'implique pas d'entrer dans le feu de l'action au moment de la violence. Cela, c'est un autre métier. Je n'ai rien à faire dans cette scène. A quoi servirait de nourrir ma mémoire d'images d'une telle violence ? Je venais de contacter cette part de moi restée en retrait que seule la poésie autorisait. Mon écriture s'en trouverait changée. Libérée, elle quitterait la solitude intense de mes journaux de bord et se donnerait à voir.

A l'heure où je termine la mise en séquences de ces mois d'écrits dans mon journal élaboré, le travail d'écriture collectif se profile. Je ne m'attarderai pas sur les résultats prometteurs de cette recherche basée sur les étais qui favorisent les sorties de crise du cycle de la violence conjugale. Il est cependant un fait, l'écriture, au niveau individuel et collectif, a joué ce rôle et nous a permis de sortir des différentes crises, existentielles ou institutionnelles, que traversent un groupe de travail. Quitter la phase brouillon du journal de bord, donner à voir les écrits transitoires et les commenter a permis d'accroître nos capacités à théoriser la pratique et plus spécifiquement celles liées à l'écoute particulière des femmes victimes de violence conjugale mais a aussi démontré l'importance d'un lieu – l'écriture – comme trace qui témoigne de soi. *Nous en parlons entre nous, mais cela ne fait rien. Je reste avec l'émotion. Ce n'est pas la situation que je traîne. Ce que je traîne, c'est le ressenti, je reste avec. Avec mon carnet privé, privé, c'est différent* disait si justement une collègue. « L'auto-observation permet ici une paradoxale reviviscence de la vie émotive, et de retrouver des affects "normaux", ceux de l'humanité commune » (Trevisan, 2004). Si ces propos sont reliés aux journaux intimes des poilus, ils m'apparaissent en lien avec le métier d'écoutant de vécu de souffrances traumatiques, là où chaque personne victime vient déposer une atteinte au lien, un destin compromis, un sentiment d'inexistence. Le journal de bord apparaît alors comme un lieu où faire la paix avec le non-sens.

Epilogue

Ces 14 pages à la main, je suis venue les donner à lire à une personne de l'équipe, celle dont les échanges ont majoritairement nourri ce travail. Il me semblait juste, avant publication, de lui accorder un droit de regard sur cet écrit. Mais ce droit de regard sur ce que j'avais fait de nos échanges lui en donnait aussi un sur ma manière d'être au monde et ce n'est pas sans angoisse que j'ai attendu un retour. Le mois de juin a succédé à celui de mai sans que me reviennent ses impressions. Je l'ai finalement appelée. Elle l'avait seulement lu la veille. Débordée, elle remettait à chaque fois au lendemain cette lecture qui lui semblait éloignée de ses préoccupations actuelles et ce qu'elle m'en dit me réconforta :

> *J'étais dans le train hier et je pensais à qui j'étais devenue professionnellement. Je travaille de manière un peu mécanique, le minimum, sans plus. Je ne me reconnais pas... Je suis très fatiguée... J'ai pris ton texte pour me changer les idées et j'ai commencé sa lecture. Je n'en revenais pas que tu mettais en mots ce qui me venait à l'instant à l'esprit ... J'étais donc déjà comme cela il y a quelques mois... peut-être qu'à mieux utiliser mon journal, j'aurais pu le déceler...*

Notre relation s'en trouva renforcée. Nous avons continué à nous rencontrer épisodiquement pour mettre un terme à la phase de recherche et entamer la rédaction du document témoin sur ces parcours de femmes. Il était convenu que je récupère l'ensemble des analyses et me mette à l'ouvrage. Ponctuelle au rendez-vous, alors que je m'informe des attendus et délais quant à la production, elle me regarde surprise *mais c'est nous qui allons écrire ce document, c'est notre projet.* Jamais je n'avais pensé être remerciée avec autant de joie. Plus profondément, cet élan de bonheur, de satisfaction intense, je n'aurais pu le vivre sans avoir élaboré mon journal de bord, sans lui j'aurais pu me méprendre sur son propos et ne pas saisir que ce remerciement était le fruit d'une appropriation du projet et le résultat d'un accompagnement qui répondait au plus près à leurs vécus et besoins.

Références bibliographiques

Davis, M. & Wallbridge, D. (2009). *Winnicott. Introduction à son œuvre*. (R. Pelsser, trad.). Paris : Presse Universitaire de France.
Ernaux, A. (1993). *Journal du dehors*. Paris : Gallimard.
Gaulejac de, V. (2008). Conclusion. Pour une clinique de l'historicité. In V. Gaulejac & M. Legrand (Ed.), *Intervenir par le récit de vie. Entre histoire collective et histoire individuelle.* Toulouse : Eres.
Gaulejac de, V. (1996). *Les sources de la honte.* Paris : Desclée de Brouwer.
Houellebecq, M. (2010). *La carte et le territoire.* Paris : Flammarion.
Maisondieu, J. (2010). Préface. In S. Freud, *Mémoire, souvenirs, oublis*. Paris : Petite Bibliothèque Payot.
Pessoa, F. (1999). *Le livre de l'intranquillité.* (F. Laye, trad.). Paris : Christian Bourgois éditeur.
Rhéaume, J. (2008 juin). *Les configurations de l'idéalité au travail dans la société moderne en crise. Une approche de sociologie clinique du travail.* Communication présentée au cinquième colloque interne de l'Institut international de sociologie clinique, Paris.
Trevisan, C. (2004). Se rendre témoignage à soi-même. In J-F. Chiantaretto, *Témoignage et trauma. Implications psychanalytiques.* Paris : Dunod.
Vasconcelos, S. (2004). Et comme André Paré ne répond plus... In Chemin de formation, *au fil du temps*, n°7,

Carnets de bord. Nantes : Editions du Petit Véhicule et Université de Nantes, Formation continue.

Villers de, J. (2011). *Arrête de me dire que je suis marocain ! Une émancipation difficile*. Bruxelles : Editions de l'Université de Bruxelles.

Waintrater, R. (2003). *Sortir du génocide. Témoigner pour réapprendre à vivre*. Paris : Editions Payot.

Yalom, I. (1989). *Le bourreau de l'amour*. (A. Damour, trad.). Paris : Galaade éditions.

Une Histoire collective, le Sillon de Bretagne

Catherine Liabastre

En 2005, je fais connaissance avec le Sillon de Bretagne : à la fois un immeuble et un quartier situé à St Herblain, ville de la communauté urbaine de Nantes. Achevé en 1971, le Sillon de Bretagne est conçu comme un village vertical, avec des ascenseurs centraux desservant des « rues » et des « places » au sein même de l'immeuble, pour favoriser les relations et la mixité sociale. A partir des années 90, la plupart des premiers habitants ont quitté le quartier en accédant à la propriété. Ceux qui restent se mêlent aux nouveaux arrivants, dans la configuration d'un quartier marqué par la précarité économique et sociale. Dans « l'immeuble – quartier » vivent aujourd'hui environ 1600 personnes touchées dans leur identité par l'isolement et par la stigmatisation et les représentations négatives de ceux qui n'y habitent pas.

Face à ce contexte et dans le cadre du projet politique auquel ils participent, l'équipe du centre socioculturel du quartier souhaite récréer du sens partagé sur un territoire en souffrance. En 2004, elle lance une action autour des récits de vie. L'objectif est de faire trace des parcours, en proposant aux habitants de prendre la parole dans un contexte qui leur en offre peu l'occasion. De cette action naît un premier recueil de témoignages collectés par une professionnelle. Un premier pas dans la parole écrite. Mais les responsables du centre socioculturel souhaitent aller plus loin en engageant une histoire de vie collective qui laisse des traces sociales, tels des tissages de voix individuelles en interaction avec d'autres. Des échos de la vie commune, dans le vivre ici. A l'initiative des responsables du centre socioculturel, un groupe d'une dizaine de personnes se forme pour conduire l'expérience et la mettre en acte. Ces femmes et ces hommes sont pour la plupart retraités et impliqués dans les activités bénévoles du quartier. Ils ont en commun une connaissance expérientielle, intime et sociale, de la vie au Sillon. De par leur propre implication auprès des habitants, ils savent les richesses méconnues, secrètement enfouies derrière les situations précaires. Ils veulent lever le voile de la stigmatisation en donnant la parole à ceux qui font la vie d'ici.

Accompagner une pratique d'éducation populaire

Au sein de la Direction régionale et départementale de Jeunesse et Sports de Nantes, plusieurs expériences d'histoires de vie collective ont été entreprises et menées par Marijo Coulon, dans le cadre de ses missions d'éducation populaire. Conseillère d'éducation populaire moi-même, j'ai eu la chance de me former à ses côtés sur des actions de terrain et nous avons construit ensemble plusieurs actions de formation « histoire de vie collective et écriture », dans un esprit de compagnonnage. Ayant pris connaissance de ces pratiques, l'équipe du Sillon sollicite un accompagnement de l'action qu'elle souhaite mettre en œuvre auprès des habitants du quartier. Je m'engage alors dans ce « compagnonnage » qui se déroulera sur cinq années et deviendra dans mon parcours, un terreau d'apprentissage et de recherche. Je ne suis pas là en tant que représentante administrative mais bien dans un rôle d'accompagnement où prime le « faire avec » et l'apprentissage mutuel. L'Institution me suivra sur le temps passé en dehors des modes d'évaluation habituels et en apportant les moyens nécessaires pour lancer les premières actions.

Dès la première rencontre avec le groupe, les questions sont nombreuses : Comment collecter les témoignages, comment associer les habitants à la valorisation de leurs récits ? Comment créer une action en mouvement qui mobilise et transforme ? Accompagner une telle démarche, c'est favoriser les conditions d'ouverture ou de changement de regard. C'est « montrer que, dans une civilisation donnée, dans une communauté restreinte, rien n'est séparé, rien n'est étranger à rien, tout est lié, tout le monde est lié » (Dibie, 1995). « C'est aussi, par voie de conséquence, mettre en évidence et convaincre que recueillir la mémoire collective ne va pas de soi, que le projet est plus complexe qu'il n'y paraît, le voyage, en pays moins connu qu'on ne pense » (Coulon, 2004).

Ecouter, comprendre, expérimenter

J'apprends, par fragments délivrés au fil des premières rencontres, les éléments essentiels de la sociologie du quartier. Aujourd'hui, les luttes collectives ont fait place aux luttes individuelles : on se débat dans sa propre vie coincé dans des réalités économiques et des représentations sociales qui réduisent l'humain et appauvrissent l'imaginaire symbolique.

> Lorsqu'un groupe est inséré dans une partie de l'espace, il la transforme à son image mais en même temps, il se plie et s'adapte à des choses matérielles qui lui résistent. L'image du milieu extérieur et des rapports qu'il entretient avec lui passe au premier temps de l'idée qu'il se fait de lui-même. Elle pénètre tous les éléments de sa conscience. (Halbwachs, 1950)

Le sentiment d'abandon social ressenti par les plus démunis produit des formes de désespérance qui induisent de l'indifférence et du détachement. Il me faudra longuement discuter de ce qui est attendu. Questionner. Prendre le temps d'écouter. Interpeller le groupe sur les questions : le contrat avec les témoins, la retranscription des récits, le temps qu'il faudra y consacrer, la validation des récits par leurs auteurs, le devenir de ces témoignages. Les méthodes. Celles que je connais, celles qu'il nous faudra inventer dans ce contexte là. En éducation populaire, rien n'est décidé à l'avance. Le « comment » se construit ensemble. Les questions éthiques sont les seuls invariants, les assises d'une démarche rigoureuse qui autorise la souplesse des formes. Nous marchons ensemble dans le tâtonnement nécessaire qui fonde l'appropriation et l'apprentissage collectif. Il me faut accueillir les résistances devant la technique (utilisation des enregistreurs...), devant l'idée de l'entretien, du recueil de la parole et rechercher les leviers de leur dépassement.

Nous testons, entre nous. Par deux, pendant plusieurs séances, chacun devient tour à tour le narrateur, puis le narrataire. Chacun exprime ce qu'il a éprouvé dans l'écoute, mesure l'implication et la relation dense qui s'installe avec le narrateur. Nous entrons pleinement dans l'expérience. Nous nous écoutons parler. Nous parlons de l'écoute. De l'entretien comme espace complexe de co-construction. Dans le jeu de l'exercice, A. prend le rôle de la narratrice. De ses trente années de vie au Sillon, elle a tant à dire. Lorsqu'elle se lance, elle en oublie presque qu'elle se raconte alors qu'elle redoutait de témoigner. La pratique lève les craintes.

Du temps pour lever les freins et lancer les dynamiques

Parfois, il faut attendre encore. Je propose au groupe l'idée de l'écriture en atelier comme un autre espace possible de création sur la mémoire collective du quartier. L'écriture spontanée et la publication immédiate des textes qui seront partagés au sein du groupe créent de nouvelles résistances. L'écriture créative fait peur. Il est trop tôt. Pour l'heure, on ne s'y risque pas. Je sens que la pratique doit passer par l'interaction orale, par la parole écoutée, partagée. Il faudra presque une année - une rencontre tous les mois - avant que les personnes du groupe se lancent dans les entretiens auprès des habitants. Ce temps de latence, d'inter connaissance, de précision des objectifs, de familiarisation avec les méthodes et les outils, le temps de l'assurance minimum pour ces personnes qui n'avaient pas envisagé de faire par eux-mêmes... *J'ai du mal, je ne pensais pas que ça demanderait autant. C'est trop long- je ne me sens pas capable de rencontrer des gens que je ne connais pas.* Pourtant, nous continuons. Une dizaine de femmes et d'hommes retraités pour la plupart, entreprennent un travail de fourmi. Malgré les doutes, les questions, aucun d'entre eux ne lâche l'aventure.

Je suis consciente que le temps que nous prenons est un luxe dans un contexte où habituellement des résultats visibles et rapides sont attendus par les institutions. Nos missions d'éducation populaire, pourtant menacées, sont encore possibles. Ce confort temporel est l'une des principales conditions de l'appropriation collective et de ses effets émancipateurs, sur laquelle repose la démarche d'éducation populaire. Au fil des rencontres, les personnalités se font jour. Les réunions sont animées, parfois vives. Une animatrice a été embauchée par le centre socioculturel pour coordonner le travail au quotidien, « faire avec » les personnes impliquées : rassurer, consolider les liens entre le groupe et les responsables du centre socioculturel, entre les membres du groupe, souvent dans l'espace informel, autour d'un café, dans les couloirs de l'espace associatif.

Ma place est particulière. Présente à toutes les réunions, j'accompagne le mouvement sans y participer au quotidien. Cette distance me permet de mieux saisir la complexité, d'apporter des éclairages, de reprendre le fil du chemin parcouru, d'en souligner les avancées. Finalement, c'est cela qui m'importe : la construction des savoirs à partir de l'expérience vécue collectivement, petite fabrique de connaissances émancipatrices. J'écris entre les rencontres et je fais retour au groupe de mes impressions consignées dans mon carnet de route. Miroir du cheminement et regards sur les difficultés rencontrées que nous dépassons par cette mise en mots qui déplie la parole, dénoue les tensions.

Percevoir l'indicible

J'écoute. Je sens des nœuds. Des connivences dans les silences. Des blessures collectives que l'on tait. J'apprends quelques bribes des « évènements » qui ont marqué la vie du quartier au cours des dix dernières années. Je fais l'hypothèse que ces évènements traumatiques morcellent les individus autant qu'ils cimentent les liens. Ils consolident le sentiment d'appartenance des habitants à l'histoire du quartier. C'est ainsi, que se forge le secret collectif, scellé par une loyauté invisible, comme un pacte inconscient marqué par la douleur et la honte. Et cela, quel que soit le statut de chacun, son origine, son ancienneté et sa place dans l'histoire, on pourrait dire que le fait de ne rien dire fait communauté. Je me demande si, au-delà du rapport peu aisé à l'écrit, la résistance des habitants à l'atelier d'écriture n'est pas liée à cette loyauté souterraine. Le danger de la trahison sera-t-il plus puissant dans la spontanéité de l'écriture en atelier que dans l'expression orale ?

Au sein du groupe, la parole se libère. Chacun s'autorise à raconter. L'intensité de cette parole partagée me donne à voir le niveau de confiance et d'écoute qui tient notre équipe de travail et qui est indispensable en éducation populaire. Les ressorts de l'affranchissement sont en marche. Mais qu'en sera-t-il dans le chantier élargi à l'histoire de vie du quartier ?

Recueillir la parole

La recherche des « témoins voisins » est un vrai défi au sein du groupe. *J'ai vu Mme B. elle est d'accord pour me !»*. Chaque fois qu'un habitant accepte de témoigner, il y a de la fête dans l'air. Pourtant, il arrive que d'être d'ici, c'est être trop près des douleurs individuelles et collectives, dont on ne parle pas mais qui marquent pourtant le rapport au lieu. Mme K. habite de longue date sur le quartier. C'est une femme engagée, présente et appréciée des membres du groupe. Elle est aussi mère d'un jeune homme emprisonné pour 20 ans, depuis « l'évènement » du Sillon. Pour cela, personne n'ose aller la voir. D. l'animatrice qui ne vit pas sur le quartier et n'y est pas impliquée personnellement, propose d'aller à sa rencontre. Seule une personne ne vivant pas sur le quartier pouvait faire ce pas. En histoire de vie collective, la présence de ressources extérieures porteuses d'une neutralité qui n'entrave pas l'implication, favorise les flux exogènes nécessaires au processus de changement.

A la recherche d'une identité collective, le groupe décide de se nommer les « Sillonneurs », à l'image de ceux qui mènent la charrue pour créer une trace, une piste dans la terre délaissée.

Ils seront identifiés progressivement comme tels par les habitants du quartier. A la fois rassurés par cette longue préparation et gagnés par l'impatience de l'action, les Sillonneurs partent enfin recueillir la parole dans leurs aires de voisinage, « sillonnant » d'un étage à l'autre le grand immeuble, à la rencontre de ceux qui ont accepté de témoigner. C'est sur l'idée du langage comme mouvement d'interpellation des uns vers les autres que s'organise cette aventure. La remise en marche d'un dialogue social interrompu. Une entaille dans cet univers fragilisé qui sépare et morcelle. Un chantier mené par un groupe d'habitants, qui, renonçant à la résignation, remonte ses manches pour questionner « l'histoire singulière de l'habiter » (Bonetti, 1994) et, en suscitant la prise de parole individuelle, participer à sa révélation sociale. Ainsi, en interrogeant le vivre ici aujourd'hui, nous précisons peu à peu notre quête : faire émerger ce qui fait sens pour celles et ceux qui habitent le quartier du Sillon afin de recueillir les lignes de désir, les images récurrentes, les détresses communes et les espérances secrètes qui fondent le magma d'individus qui ont en commun de vivre dans le même lieu.

Du témoignage à l'écriture du récit

Chacun revient avec sa parole recueillie, la densité des premiers récits encore présente, racontant l'expérience et se nourrissant de celle des autres. De ces échos, nous ressortons des enseignements produits par le groupe lui-même. Le processus d'apprentissage collectif se consolide. Il faut dès à présent passer de longs moments sur l'ordinateur pour retranscrire les premiers témoignages. Les discussions à ce sujet sont vives et passionnantes. Peut-on réécrire dans les témoignages ? A qui appartient le récit ? Quelle écriture privilégier ? Celle du langage codifié par le groupe d'appartenance du témoin ? Celle des silences qui disent l'émotion mais qui ne s'écrivent pas ? Ou celle du langage écrit, normé, traduit, où s'immisce inévitablement en tant que créateur celui qui réécrit le récit, au nom d'une meilleure compréhension ? Après de longues discussions, les Sillonneurs décident de retranscrire les témoignages au plus près de la forme livrée par le narrateur, au plus près de sa « manière de dire ». Le débat s'engage autour de la communication et du risque de lassitude du lecteur. Le risque également de décevoir l'auteur du récit quand l'écriture donne à voir les hésitations et tâtonnements qui, en oralité, colorent la langue sans la dévaluer. Nous décidons un tiers espace situé entre l'identique et le transformé, par une intervention très discrète concernant principalement la suppression des répétitions habituelles dans l'oralité. Un tiers espace, au plus près du corps de la langue des témoins, sans que ce « travail » sur la parole ne vienne gommer son élan et son originalité. Cette littérature orale que le médiéviste Paul Zumthor a nommé « l'oraliture » oblige à questionner finement le rapport entre le langage parlé et l'écriture de la parole. Nous nous y employons dans un souci d'ajustement respectueux entre le récit lui-même et l'écriture de cette parole qui nous est confiée.

Les complémentarités s'engagent. Comme d'autres membres du groupe, je passe mes soirées à écouter les récits enregistrés sur les dictaphones, *encrer* avec fidélité les mots de l'oralité, entrer dans les récits par l'écriture en miroir. J'imprime en moi les histoires de vie du Sillon car je ne recueille pas les témoignages. De ces temps de retranscription, nous parlons encore. Que se passe t-il pour celui qui n'a pas recueilli la parole mais qui la retranscrit ? Quelles résonnances ? Quelle expérience de cette écriture-là ? Que se passe-t-il pour celui qui a conduit l'entretien lorsqu'il reçoit le texte retranscrit ?

Témoigner c'est s'autoriser à prendre la parole

Les écrits nous parlent. Nous découvrons que certains témoins invités à témoigner sur leur vie dans leur quartier saisissent cet espace pour revenir sur leur parcours migratoire. Il est parfois davantage question du cheminement qui les a menés jusqu'ici et parfois de leur projet de départ, que de leur vie sur le quartier. Comme si, « d'où je viens » permet de mieux parler « d'où je vis ». Comme si habiter s'inscrivait dans un mouvement bien plus grand que la vie sur ce lieu-là. Comme nous le rappelle Michel Bonetti, nous habitons la différence d'avec ce que nous avons connu :

> Nous n'habitons pas un lieu en soi et pour lui-même, mais pour ce qu'il évoque, rappelle du passé ou pour les écarts et les différences qu'il instaure par rapport à celui-ci, et en fonction des perspectives que l'on a d'y rester ou d'en partir... Le logement n'est que le support fonctionnel, peuplé des souvenirs, des traces, des formes antérieures et des espoirs quant au futur (1994).

Ces récits périphériques, en marge de la question centrale, donnent à ces témoignages densité et profondeur, là où on ne les attendait pas. Ils donnent à comprendre les difficultés de l'ancrage, captivent par la richesse des cheminements.

D'autre part, presque tous les récits débutent par « je suis ». Je suis *Madeleine*. Je suis *tunisien*. Je suis *ici depuis*.... Les « Je suis » s'éveillent dans ces témoignages, conférant chaque témoin comme auteur d'un parcours, d'une mémoire, au-delà d'être habitant d'un territoire. Chacun à sa place restaurée dans sa prise de parole. Nous retrouvons ce processus dans la question des signatures. Si quelques récits sont restés anonymes, la majeure partie des 54 témoignages sont signés d'un prénom et d'un nom. Ce qui nous semblait peu imaginable dans ce contexte de violence sociale, s'est toutefois réalisé. Chacun a pu assumer sa parole comme nous le revendiquons en éducation populaire. Là encore, signer invite à inscrire sa trace, à l'écrire sur la page blanche, à signifier son existence, à se sentir pleinement concerné. Ainsi, la reconnaissance des parcours individuels agit comme invitation à exister comme sujet dans le processus d'individuation au sein de l'environnement social. L'histoire de vie collective devient l'espace d'autorisation où se reconnaissent les trames de vie, les parcours singuliers et s'opèrent les reconsidérations réflexives, inter individuelles et collectives qui participent d'une construction identitaire, en ouverture et en mouvement.

Les voi(es)x de la parole créatrice

L'histoire de vie n'existe pas encore tant qu'elle n'est pas incarnée dans une parole créatrice, orale et /ou écrite. Elle est en sommeil, à fleur de la conscience, en même temps qu'elle nous habite totalement. Devant l'invitation à en faire image singulière et partagée, le chantier de sa mise au monde commence. L'expérience du dévoilement passe nécessairement par cette écoute intérieure en interaction avec l'extérieur, traversée de tensions entre le dedans et le dehors, le ressenti et l'exprimé, l'expérience vécue et les mots pour la dire. On ne puise pas dans ses archives intérieures sans conflits, sans émotions, sans risque de percer le voile protecteur. Présenter son parcours, c'est accepter de mettre en scène les personnages de sa vie, leur donner un ordre d'importance, les placer au cœur des mouvements de l'intime et du social… C'est au fil de ces échos à soi-même que s'origine la pensée créatrice et que peut se mettre en acte, une parole singulière, adressée et impliquée. Cette parole autorise d'autres témoignages qui feront échos à leur tour.

Rencontre des témoins avec la parole écrite

« L'histoire s'écrit en même temps qu'elle se construit ou plutôt, elle se construit par l'écriture issue elle-même du vécu d'une existence commune » (Brun, 2001).

Nous préparons ensemble la deuxième visite chez les témoins pour la validation du texte retranscrit. A ceux qui ne maîtrisent pas le français écrit, il faudra le lire; à d'autres laisser le temps de découvrir leur récit tracé sur le papier en espérant secrètement qu'ils ne supprimeront rien de ce qu'ils ont livré. Il arrive qu'à la lecture de la transcription, l'auteur du témoignage soit bousculé par sa parole écrite et exprime sa peur de la socialisation du récit. A l'étonnement de découvrir le fil de son histoire en distance se mêle la crainte d'en avoir trop dit. A la fierté de découvrir son parcours dans l'écriture s'impose parfois la peur du dévoilement. « Du témoignage personnel, on passe à une audience communautaire qui trouve écho sur la place publique » (Le Grand, 2000, p.156). L'écriture fixe la parole. Et la libère. La met au monde et l'inscrit dans les flux de la permanence. Ce qui s'est offert oralement dans la relation interindividuelle va être reconnu, publié. Le témoin comprend là qu'en même temps qu'il prend sa place en tant qu'auteur, il doit la confier au collectif pour sa mise en écho.

Un cheminement dans les creux et les pleins

En même temps que s'éveillent ces prises de paroles, les Sillonneurs se réunissent très régulièrement. Si ces réunions sont des temps d'élaboration collective, elles ont aussi des temps d'expression des doutes, des découragements. Certains font part de leur sentiment de bâtir sur du sable. « On avance et régulièrement tout s'effondre ! Il faut recommencer... ». Chacun tâtonne et cherche sa place dans l'inconfort de l'inconnu. Pour moi, c'est sur cette matière là que s'invente l'accompagnement. Ecouter, reformuler, questionner, faire émerger les réassurances par ceux qui n'ont pas peur aux mêmes endroits, regarder les avancées, me perdre parfois, encourager, valoriser, se réjouir ensemble. Ne pas oublier que c'est ce chemin là qui fait connaissance, que l'émancipation visée est un processus en fabrication. Les freins sur l'atelier d'écriture persistent. Pourtant l'écriture est à l'œuvre à travers la création d'un article régulier dans le journal du quartier. Certains membres du groupe y sont impliqués et s'engagent dans la trace du chantier, en rappelant son sens et ses avancées. Ainsi, les habitants sont informés et se familiarisent avec l'action en cours.

Publication de l'écrit

Puis vient le temps de la première publication écrite. Comment fait-on avec tous ces textes recueillis ? Comment, à partir de ces témoignages individuels, restituons-nous la dimension collective de l'histoire de vie du quartier ? Une des possibilités est d'organiser les différents axes de la vie sociale en tissant des fragments de témoignages les uns aux autres dans des parties thématiques à plusieurs voix. Les Sillonneurs se positionnent fermement contre cette proposition : hors de question de couper la parole des témoins ! Ils semblent vivre l'idée de la réorganisation des textes comme une trahison, une entaille symbolique dans le corpus des récits, comme si nous opérions des fractures dans les voix elles-mêmes. L'enjeu de respecter le fil du récit spécifique à chaque témoin est puissant. Ce que Ricœur appelle « l'identité narrative » permet d'observer dans chaque récit une mise en ordre et une intrigue singulières qui participent à la construction du sens d'un parcours identitaire dans l'espace et dans le temps. « Identité qui n'est pas une unité massive achevée, mais au contraire une conjugaison singulière de pluralité, disponible à la re-conjugaison » (Pineau & Le Grand, 2002). Dans le présent de l'expérience, je sens l'importance de respecter ces constructions narratives, qui sont autant des étayages et des assises pour ceux qui les ont produits que pour ceux qui les ont recueillis. Comme une sorte de matrice de cette expérience du dévoilement, cette première mise à jour doit être le reflet le plus fidèle de ceux qui s'y sont impliqués. Plus tard, après la sortie de ce livre appelé communément le « livre archive », ce qui était de l'ordre du viscéral pour certains membres du groupe s'est transformé progressivement et d'autres publications donnant à voir les grands thèmes de la vie sociale du quartier : les jardins, les fêtes... ont été réalisées.

« Toute l'histoire de la souffrance crie vengeance et appelle récit » (Ricœur cité par Brun, 2001)

Je sens à quel point ce passage à la publication écrite est sensible pour les Sillonneurs, pour eux-mêmes s'ils ont témoigné mais également en tant que passeurs. « L'écrit a l'avantage de fixer ce qui autrement est évanescent, c'est une trace. En ce sens il a un effet structurant » (Pineau & Legrand, 2002). Le livre est bien plus qu'une étape visible d'un travail de presque trois ans réalisé dans l'ombre. Bien plus qu'une succession de récits. Il est « Le livre » des habitants, qui va se révéler publiquement. Celui qui ancre la parole et la légitime. Celui qui sera lu par ceux d'ici, qui ont témoigné et ceux qui n'ont pas témoigné. Le livre qui sera lu par ceux qui ne vivent pas ici. Celui que certains témoins ne pourront pas lire mais dans lequel ils auront « écrit ». Dans cette civilisation de l'écriture, dans laquelle nombre d'habitants du Sillon ne trouvent pas leur place, l'enjeu du livre est de l'ordre de la revanche, de l'inscription dans une production culturelle sacralisée. Ainsi, comme le propose Patrick Brun, ce qui est en jeu dans la publication « c'est la confrontation à l'œuvre comme œuvre venue au monde des relations sociales, comme institution ou comme archive. La publication de l'œuvre est un agir social dont la signification déborde celle de l'œuvre » (Brun, 2001). Par sa dimension « révélante » et « transformante » (Ricœur, 1985), le livre fait émerger un autre regard à la fois réflexif et social sur les parcours de vie. Il devient lieu de requalification, de dignité, de pouvoir, au sens de capacité d'agir.

L'écrit, à la fois un socle et une étape vers une transmission orale socialisée

Mais si le livre « Sillons de vie » publié en 2008 recouvre ces enjeux, il prendra paradoxalement sa puissance comme support d'une oralisation cette fois largement socialisée à travers la mise en voix théâtralisée des textes, réalisée par l'équipe des Sillonneurs. Ainsi, avant même la sortie du livre, les Sillonneurs, accompagnés par un comédien, se sont glissés pendant plusieurs mois dans la parole écrite des habitants, l'ont apprivoisée, confirmant leur rôle de passeurs au sein d'un atelier de création. Des lectures théâtralisées ont été présentées lors de la sortie du livre, l'interaction des deux créant un évènement mémorable sur le quartier. Aux côtés de l'écrit, l'oralité reprenait ses droits, affirmant une parole à la fois intime et sociale, transformée dans sa forme par la création collective, intacte dans son contenu. « Ce double mouvement de lecture et d'écriture favorise la construction de l'histoire commune et fortifie l'identité collective » (Coulon, 2005). Ainsi dans la tessiture des voix des passeurs, on pouvait à la fois lire et écouter les récits tout en accueillant une mémoire vivante en fabrication.

Des voix dans les traces écrites

« Des personnes qui s'attachent à la parole d'autres personnes pour la transformer en écriture forment une chaîne d'humanité » (Coulon, 2012).

Quand A. prend la parole dans le texte de Monsieur M., elle raconte avec ses mots à lui, en lisant son récit à sa manière à elle, son départ du Maroc il y a 30 ans. Dès son arrivée en France, Monsieur M. a travaillé dans les chantiers de construction du grand immeuble du Sillon. Il a contribué à bâtir ce lieu où il habite aujourd'hui. Il l'a dit. C'est écrit. Thérèse le lit devant les habitants qui écoutent. Cette mise en voix restitue publiquement un parcours individuel ancré dans l'histoire sociale. « En se lisant, en s'écrivant mutuellement, peu à peu les représentations se nomment et par ce fait même, peuvent bouger, transformer le regard » (Coulon, 2005).

A travers l'écoute de son propre récit de vie, Monsieur M. se découvre, même s'il le sait déjà, comme l'un des bâtisseurs du quartier du Sillon. Son témoignage résonne également sur les parcours de ceux qui comme lui, ont participé à la construction de l'immeuble. A leur tour, d'autres « bâtisseurs » du Sillon, raconteront leur expérience d'une autre manière provoquant de l'altérité dans les perceptions d'une expérience commune; permettant ainsi aux plus jeunes ou aux nouveaux habitants de se relier à l'histoire collective et de prendre place symboliquement dans l'imaginaire du lieu. Ce sont ces mémoires croisées qui produisent du savoir commun et contribuent à la construction d'une conscience renouvelée des parcours et des lieux. En histoire de vie collective, la production de savoirs reliés, amène les acteurs de ces territoires à produire des savoirs reliants.

Une culture de la relation et du mouvement

En 2010, je suis partie vers de nouvelles missions. Avec les responsables du centre socio culturel et le soutien important du service culturel de la ville, les Sillonneurs ont poursuivi l'action en initiant des pratiques d'écritures plurielles et puisant dans les ressorts de l'oralité à travers un travail conséquent autour du conte, mobilisant encore davantage d'habitants. Les Sillonneurs ont oublié leurs inquiétudes et leurs tâtonnements des premières années et conscients de la richesse de l'expérience, continuent à creuser dans les ressources du quartier. Ce que l'on appelle en éducation populaire l'appropriation collective émancipatrice a fait son chemin. Il reste à garder le cap sur les visées d'une telle démarche en continuant à interroger les enjeux à chaque nouvelle étape de l'action, sans que jamais ne s'essouffle le regard critique des membres de l'équipe, de ceux qui viendront les rejoindre et de ceux qui les accompagnent.

Par l'ouverture de sens qu'elle produit, par ces pratiques créatives qui amènent à penser et à produire ensemble, par la dimension d'humanité qui la traverse, l'histoire de vie collective en éducation populaire s'inscrit dans une définition de la culture transformatrice et émancipatrice. Une culture qui serait une relation et non une représentation. Un mouvement et non un état. Une culture qui fait émerger « des actions réelles et symboliques, matérielles et immatérielles, qui travaillent ce mouvement de chacun à l'égard du mouvement de tous et réciproquement » (Frize, 2013).

Références bibliographiques

Bonetti, M. (1994). *Qu'est-ce qu'Habiter. Le bricolage imaginaire de l'espace.* Paris : Desclée de Brouwer.
Brun, P. (2001) *Emancipation et connaissance. Les Histoires de vie en collectivité.* Paris : L'Harmattan.
Coulon, M.-J. (2004). Vivre ensemble, le dire et l'écrire. Revue *Pour* n°181 *Mémoires partagées, mémoire vivante.*
Coulon, M.-J. (2005). La parole écrite en histoire de vie collective – Accompagner un processus identitaire. Revue *Education permanente* n° 162, *La (re)présentation de soi.*
Coulon, M.-J. (2012). L'histoire de vie collective, une chaîne d'humanité. In D. Desmarais & I. Fortier (Ed.),

Transformations de la modernité et pratiques (auto)biographiques. Québec : Presses de l'Université du Québec.

Dibie, P. (1995). *Le village retrouvé, essai d'ethnologie de l'intérieur.* La Tour d'Aigues : l'Aube.

Frize, N. (2013). La culture est une action, pas un patrimoine. Revue Cassandre/Horschamp n° 92, *A la recherche du symbole perdu.*

Halbwachs, M. (1950). *La mémoire collective.* Paris : Albin Michel.

Le Grand, J.-L. (2000). Repères théoriques et éthiques en histoire de vie collective. In M.-J Coulon & J.-L. Le Grand (Ed.), *Histoires de vie collective et éducation populaire : les entretiens de Passay.* Paris : L'Harmattan.

Pineau, G. & Le Grand, J.-L. (1993). *Les histoires de vie.* Paris : Presses Universitaires de France. Que sais-je n°2760.

Ricœur, P. (1983). *Temps et Récit I. L'intrigue et le récit historique.* Paris : Seuil.

Ricœur, P. (1985). *Temps et récit III. Le temps raconté,* Paris : Seuil.

Deuxième partie :

Accompagner
l'écriture (auto)biographique

… « S »'écrire, à la frontière entre histoire de vie et créativité littéraire

Annemarie Trekker

Prémices

Si pour les humains, répondre à la question « Qui suis-je ? » conduit à raconter une histoire, il ne s'agirait pas là toutefois d'une disposition universelle ni intemporelle dans la mesure où « raconter son histoire suppose l'accès à une posture d'individualisation, dont l'avènement est solidaire du grand mouvement socio-historique qui mène des sociétés holistes aux sociétés individualistes. » (Legrand, 2006). Pour que l'écriture d'un récit puisse advenir au singulier, il faut qu'un « je » sujet puisse s'affirmer, délié de la totalité sociale. L'autobiographie et l'écriture de « soi » impliquent la présence d'un auteur susceptible de se percevoir en tant qu'acteur de sa propre histoire de vie, sans négliger toutefois les déterminismes familiaux et sociaux.

L'émergence d'un tel sujet s'inscrit, en une première étape, dans le contexte de la philosophie individualiste des XVIe et XVIIe siècles, ce dont témoignent des textes comme « Les Essais » de Michel de Montaigne (1533-1592) affirmant le sujet subjectif et le « Cogito ergo sum » de René Descartes (1596-1650) à l'origine du sujet rationnel. Cette écriture du sujet sera confirmée avec *Les Confessions* de Rousseau (1712-1778), qui en fait un genre littéraire à part entière en lien avec l'évolution de la société vers la modernité, le développement de l'individualisme, les droits de l'homme et la naissance de la démocratie.

Plus proche de nous, la prise en considération du sujet s'inscrit dans les sciences humaines. Après une première percée en sociologie au sein de l'école de Chicago en 1920, le courant du récit de vie et des histoires de vie rencontre un intérêt croissant à partir des années 1980 en psychologie et en sciences de l'éducation. La recherche biographique et la clinique narrative (Niewiadomski, 2012) s'inscrivent dans le contexte de ces nouvelles formes de modernité avancée (la postmodernité, l'hypermodernité) qui signent la fin des grands récits fondés sur des modèles totalisants de compréhension et d'interprétation de l'histoire (Lyotard, 1979).

Dans le même temps, on voit se multiplier et se diversifier les Ecritures de soi (allant du journal intime à l'autofiction en passant par le récit ou le roman personnel...) tandis que se développe une demande croissante de lieux de partage et d'accompagnement de ces processus d'expression de soi au sein de petits collectifs (ateliers et tables d'écriture...) qui créent des passerelles entre le « je » et le « nous ». Il s'agit d'articuler le ressenti du sujet intime à la perception de l'acteur social, de faire se rencontrer et se répondre l'émotion et la raison, la singularité et le partage de repères communs en situant les histoires singulières dans un cadre collectif, ce qui dégage l'individu de l'impératif de porter seul le poids des responsabilités sociales.

La création des tables d'écriture en histoire de vie que j'anime s'inscrit dans cette perspective : retisser du sens et du lien entre histoire personnelle, roman familial et contexte social. Et cela à travers une double approche, littéraire d'une part et clinique biographique d'autre part. Le travail solitaire de la mise en forme par l'écriture invite à la symbolisation tandis que le partage des textes par la lecture à voix haute en petit groupe incite à une socialisation de ceux-ci ; l'un et l'autre contribuent à une approche créative et réflexive de l'histoire. L'objectif est de croiser la mise en œuvre individuelle avec la mise en perspective sociale.

Lucien Goldmann (1970), sociologue de la création et de l'œuvre littéraire, professeur dont j'ai suivi l'enseignement à l'université de Bruxelles, affirmait que « toute création culturelle est à la fois un phénomène individuel et social et s'insère dans les structures constituées par la personnalité du créateur et le groupe social dans lequel ont été élaborées les catégories mentales qui la structurent. » D'autres démarches allaient suivre incitant à reconnaître l'inscription sociale des écrits et des pratiques littéraires par opposition à une conception sacralisée de la littérature. Plus récemment, Anne Barrère et Danilo Martuccelli (2009) renversent le processus, suggérant que l'invention littéraire – et l'écriture autobiographique en fait partie – peut fournir une source d'informations et de connaissances pertinentes pour la sociologie : « L'herméneutique de l'invention fait le pari de l'existence de connaissances pertinentes pour les sciences humaines et sociales dans les romans. »

Ainsi s'est esquissée, dans ma pratique d'accompagnement de l'écriture en histoire de vie, une écoute à la croisée du fond et de la forme, attentive aux fils rouges de le mise en intrigue mais aussi aux traces des trous noirs, non-dits et secrets qui percent à travers l'approche stylistique.

Un cheminement personnel

Lors du démarrage de notre groupe d'échange des pratiques, nous avons consacré du temps au partage de ce qui nous avait amenées à penser, construire, mettre en œuvre et faire évoluer les dispositifs qui sous-tendent nos pratiques. Ce fut l'occasion d'évoquer des moments et /ou des événements de nos histoires de vie personnelle et/ou professionnelle. Ces échanges informels ont permis d'éclairer ce que chacune percevait sans l'avoir toujours exprimé, ni conscientisé. L'écriture incite et force à la précision et à l'approfondissement. L'écoute du groupe mais aussi ses questionnements amplifient cette exploration, pointant à la fois les convergences mais aussi les divergences de cadres et d'objets. Ce fut pour moi, l'occasion d'observer sous un angle nouveau ou plus précis, mes choix, ce sur quoi ils reposaient et ce qu'ils impliquaient. Je suis remontée aux sources de mon histoire, cherchant à saisir le rapport à la langue et à l'écrit qui s'était tissé à partir du roman familial. Il y eut l'enfance. Née enfant unique de parents enfants uniques, dans l'après-guerre, j'ai très vite perçu la prégnance du silence et de l'absence. La peur de la vie et l'interdit d'évoquer la mort. J'allais chercher comment échapper à ce piège, découvrant dès l'âge de l'école le chemin buissonnier des livres et de l'écriture. Ecrire pour exprimer l'interdit, bouche cousue et lire pour écouter la voix des absents dans l'écho des pages qui se tournent. A travers la coulée des phrases et des mots, mes doigts dessinaient sur le papier ce qui ne pouvait s'énoncer à voix haute, ni même se penser à voix basse. J'expérimentais ce que Michel Legrand (1997) a nommé « la volonté involontaire ». Une mise en acte de ce que je ne pouvais pas vouloir : exister !

Plus tard vint le temps de la découverte progressive de l'histoire sociale de ma famille et de la place qu'y occupait l'écriture. Le constat fut rapidement dressé. Il n'y avait aucun écrit à découvrir dans les malles du grenier, ni dans les tiroirs des commodes. Mes aïeux n'avaient laissé aucune trace de leur passage sur le papier, seulement quelques images et photos jaunies sans indications pour les identifier. Le français ne fut la langue maternelle d'aucun de mes quatre grands-parents. Trois d'entre eux parlaient le flamand et ma grand-mère maternelle, le luxembourgeois. Si la langue française pénétra dans ces lignées, ce fut tardivement pour des raisons économiques, et souvent dans des conditions difficiles, voire violentes, celles des deux guerres mondiales et des ruptures familiales. Dans tous les cas, les « parlers » des anciens furent progressivement délégitimés au profit de la langue de la réussite, scolaire et professionnelle, objet à la fois de tous les désirs et de toutes les trahisons.

J'allais être la première à m'inscrire sur la feuille blanche de notre histoire. La première à signifier à travers l'écrit ma singularité et à me créer, à côté de ma famille d'origine, une famille d'inclination, celle des écrivains qui m'ouvraient les portes d'un ailleurs intime. L'écriture serait cette passerelle fragile pour voyager de l'une à l'autre. A mesure que les livres viendraient emplir les étagères, je me sentirais moins seule. Peu à peu, j'allais introduire la lecture dans la maison. Ma grand-mère se mit à parcourir mes livres d'adolescente tandis que ma mère s'initiait au féminisme et découvrait avec gourmandise les autobiographies d'artistes et de personnalités du monde politique. De territoire personnel, l'écrit devint ainsi insensiblement une source de partage entre femmes, ce qui nous amena à évoquer nos propres vécus et nos ressentis. J'allais plus tard rechercher et retrouver une part de cette complicité lors du démarrage des tables d'écriture. Ainsi Michel Legrand (2006a) affirme-t-il qu'en plus de l'interpellation de l'individu comme sujet de son histoire :

> le récit de vie inclut toujours aussi, et cela d'autant plus qu'il relève de la pratique de sociologues cliniciens, un mouvement de décentrement de soi vers les autres, vers le territoire familial, vers la logique des rapports sociaux. Aussi n'est-il pas sot de penser que le récit de vie véhicule une sorte de correctif holiste, dans le cadre d'une société hypermoderne où les individus se trouvent de plus en plus laissés à eux-mêmes, sans points de repère, flottants et vides, en déshérence.

Le dispositif des tables d'écriture

Après avoir découvert, suite à mes études de sociologue, le plaisir d'écrire en tant que journaliste et auteure, j'en viendrai, peu à peu, à reprendre une écriture plus personnelle, puis à chercher comment partager ce goût des mots et des histoires de vie. Et ainsi à imaginer un dispositif qui puisse ritualiser cet échange et lui offrir un cadre : les tables d'écriture en histoire de vie.

Pourquoi avoir choisi le terme de « table d'écriture » plutôt que celui d'atelier d'écriture ? La « table » m'est apparue comme le lieu symbolique des échanges (de mots et de nourriture) autour de la « langue ». En mettant en évidence le terme de « table », je pointais la spécificité du travail d'expression et de relations à travers les échanges autour des textes. Une autre référence symbolique liée au mot « table » m'est apparue plus tard, renvoyant aux « tablettes » d'argile ou de pierre sur lesquelles se gravent les signes de l'écriture, mise en évidence du support matériel de l'écrit, chargé de laisser des traces et d'assurer une transmission dans la durée[1].

Comment fonctionnent ces tables d'écriture (Trekker, 2006) ?
Les participants s'inscrivent librement et individuellement, en dehors de tout cadre institutionnel et peuvent choisir entre trois propositions de cycles longs d'une dizaine de rencontres, à raison d'une rencontre toutes les deux ou trois semaines, orientés autour des trois temps de la vie (passé, présent, avenir) avec « Racines de vie » (travail sur les racines, les ascendants, l'arbre généalogique), « Ligne de vie » (travail sur sa propre histoire de vie, de la naissance à la maturité) et « Projets de vie » (travail sur les projets d'avenir). Ces cycles longs ont été ensuite complétés par des propositions de stages d'été (cycles courts de trois journées) orientés vers des thématiques plus ciblées : « Le choix des engagements », « Lieux de vie et histoire habitée », « Autoportrait à travers les âges de la vie », « Les tournants de la vie », « Histoires de femmes : de la transmission à l'invention de soi ». Ceux-ci ont à leur tour donné lieu à de nouveaux cycles longs, élargissant l'éventail des choix.

Lors de la première rencontre, le cadre est mis en place à travers la proposition d'un contrat écrit assurant confidentialité, écoute bienveillante, libre implication et questionnement solidaire. Ce contrat précise que l'objectif des tables est double : écriture personnelle de son histoire suivant les thématiques proposées et retour réflexif sur ces textes lors des rencontres en groupe. Le déroulement des tables prévoit ainsi deux temps distincts qui

---

[1] Après plusieurs années de fonctionnement informel, l'Association Traces de Vie fut créée (en 2004) afin d'encadrer à la fois les tables d'écriture, la recherche autour de l'écriture et du récit de vie et une maison d'édition spécialisée dans la publication d'ouvrages à caractère autobiographique, romans personnels, récits, témoignages, essais ou ouvrages de mémoire collective.

s'articulent étroitement. Dans un premier temps, je propose des supports thématiques qui invitent les participants à démarrer une écriture autobiographique à domicile, en solitaire. Le deuxième temps est consacré aux lectures des textes avec retours réflexifs du groupe.

Michel Legrand (2006b) évoque dans la préface du premier livre collectif issu des tables d'écriture l'importance du lien entre ces deux temps, par l'adresse de l'écrit à autrui :
> La pratique autobiographique est d'abord une pratique solitaire. Ma vie, mon histoire, je l'écris seul, de moi à moi, dans un état de dédoublement intérieur, même si je l'adresse à un (des) autre(s), à mes enfants ou petits-enfants, à mon conjoint, ou tout simplement à la communauté des hommes que je prends à témoin. Toutefois, au moment de l'acte d'écriture, cet autre n'est pas présent en chair et en os, m'écoutant, me renvoyant à moi, m'interpellant, obligeant mon récit à ne pas se clore sur lui-même. C'est là le risque d'auto-complaisance narcissique, que l'on prête parfois à l'autobiographie écrite…

Il ajoute :
> La question se pose donc : de quelle manière ouvrir ce récit à l'autre de sorte que, me renvoyant à moi-même par ses interrogations ou interpellations, il m'invite à un retour réflexif qui m'incite à le déconstruire et le recomposer du moins en partie ? Par la mise en place lors des rencontres d'une lecture des textes, suivie d'un retour de la part du groupe des participants et de l'animatrice. Ce processus n'étant jamais achevé et toujours ouvert à une possible reprise.

C'est à travers le va-et-vient entre ces deux temps que se construit la démarche, dans l'alternance de la création solitaire et de la lecture partagée avec le groupe. L'objectif est ainsi d'offrir un *« espace transitionnel »* tel que le définit Winnicott (2002), intermédiaire entre l'intériorité (écriture pour soi) et extériorité (écriture pour être lu), l'objet transitionnel étant ici le texte écrit et lu au groupe. Ma posture d'animatrice se situe à l'articulation de ces deux mouvements, de centrage et de distanciation : il s'agit de susciter la créativité littéraire à partir des thématiques proposées et d'accompagner l'échange dans le groupe en invitant à l'élaboration d'hypothèses de liens et de sens, dans une posture clinique. « La posture clinique se construit d'abord sur l'écoute, le savoir expérientiel, la prise en compte de la connaissance que les acteurs ont de leur monde social. […] Le va-et-vient entre l'expérience et la théorie, l'éprouvé et le réflexif, le vécu et le conceptuel est essentiel pour comprendre les phénomènes sociaux. » (Gaulejac, 2007).

Ce que je réalisais auparavant de manière spontanée, j'allais désormais m'en saisir de manière plus serrée et attentive. Je m'engageais dans l'observation fine de ce que Christophe Niewiadomski (2012) nomme la « clinique narrative » ou psychosociale l'opposant à la clinique « biomédicale ». Tandis que la méthode « anatomo-clinique » se fonde sur une clinique de l'observation, « une clinique du regard et de la "prise en charge" qui s'adresse bien à un individu mais sur base d'une objectivation du sujet qui s'opère parfois au prix de l'effacement de ce dernier », la clinique narrative privilégie « une clinique de l'écoute "d'un sujet singulier désirant" et "la prise en compte" d'un individu qui n'est certainement pas réductible aux seules données d'observation.»

Parce que cette histoire, que nous exprimons comme une fiction vraie, s'avère susceptible de « refiguration », la questionner à travers sa mise en forme m'a paru une des voies possibles pour écouter le sujet désirant. Celui qui se cache derrière le contenu explicite du texte. Pour le restituer sous forme d'hypothèses à l'auteur. C'est au cœur du travail de dévoilement progressif de ce qui s'écrit dans l'ombre de la langue que s'ancre ou « s'encre » la possibilité du changement et du mouvement, que se nichent les enjeux d'une identité narrative. (Trekker, 2010).

« Il y a des formes de récit propres à chaque âge de la vie, explique Boris Cyrulnik (Martin, Spire & Vincent, 2009), comme l'ont constaté les linguistes qui travaillent dans notre équipe à Toulon : ils recueillent des documents verbatim, puis font des recherches sémantiques sur les structures de phrases, leur longueur, le choix des mots, les structures grammaticales, les virgules ; ils démontrent que les mots qui nous viennent en tête ne viennent pas par hasard, que le choix inconscient des mots révèle la manière dont nous sommes construits. » Ce qui est vrai par rapport au langage parlé et aux âges de la vie l'est aussi par rapport à l'écrit et aux genres, origines, trajectoires sociales, croyances et secrets familiaux... des auteurs. Ainsi, lorsque les parents sont empêchés de transmettre l'histoire des origines, l'écriture peut révéler sinon le contenu du moins l'existence du secret à travers la syntaxe et le vocabulaire.

Sur le papier ou sur l'écran, la langue écrite se fraie un passage dans l'épaisseur du silence, laissant percer des indices d'une histoire, d'une vie. Comme lors de fouilles archéologiques, il est possible de mettre à jour, à travers la lecture fine du texte, les traces laissées par une identité en recherche d'elle-même et de les faire parler. Comme l'exprime l'introduction au colloque « Ecriture de soi, écriture des limites » de juillet 2013, Cerisy-La-Salle placé sous la direction de Jean-François Chiantarreto (2011) :

> L'écriture de soi (notamment l'autobiographie, les journaux intimes et l'autofiction) met toujours en scène une tension entre deux positions psychiques : attester d'une identité (voilà qui je suis), témoigner d'une altération (voilà qui je suis empêché d'être). L'enjeu semble une délimitation de soi, au sens d'un espace intérieur, d'un lieu singulier d'interlocution interne. Entre la sculpture et la marche, la fouille et la déambulation, le récit et son impossibilité.

C'est bien à ce point de rencontre entre la création littéraire et l'écoute « clinique » que je me situe, à la fois chercheuse et praticienne. C'est en me glissant dans la singularité de chaque écriture (quelle que soit sa maladresse ou son hermétisme) qu'il me semble possible de saisir ce qui perle à la frontière des permissions et des interdits. Cette prise de conscience et de connaissance des zones d'ombre se réalise à travers certaines correspondances, répétitions, choix de vocabulaire, de formes stylistiques, d'emploi de temps ou de pronoms, d'adjectifs qui viennent pointer des questionnements qu'il eut été plus difficile de percevoir dans l'oralité. Il arrive que l'écrit dévoile ainsi ce que la parole tait ou cache.

Le style s'avère, en quelque sorte, un révélateur de l'identité de l'auteur. A vouloir l'améliorer, on risque parfois de l'éloigner de ce qui fait sa singularité à la fois d'auteur mais aussi de sujet de son histoire. C'est l'expérience que relate Philippe Delerm :

> Pendant une dizaine d'années, j'ai publié aux éditions du Rocher tous mes premiers livres, sans que jamais on me demande d'y changer une virgule. Puis un jour, Jean-Paul Bertrand, mon éditeur, a pensé que ce serait bien de faire retravailler les auteurs. Ainsi me suis-je vu proposer de revoir avec une jeune attachée littéraire le manuscrit de mon roman *Les Amoureux de l'Hôtel de Ville*.

Après avoir accepté la proposition, l'auteur se met en devoir de procéder à cette révision : « A chaque proposition de changement de mon aide-bourreau, je me disais qu'elle avait raison, raison de remettre en cause cette image, de vouloir supprimer cet adverbe, cet adjectif. Raison à chaque fois, et cependant... » Voici ce qui en résulte :

> En reprenant l'ensemble de mon livre publié, je lui trouvai certes une silhouette allègre, mais l'idée me traversa bientôt que toutes ces petites raisons contiguës avaient débouché sur un grand tort : ce n'était plus moi. (Delerm, 2011).

Autour du texte d'Hélène

Afin d'illustrer plus concrètement la manière dont peut se déployer cette lecture du texte dans la double approche de la forme et du contenu et ce retour peut être communiqué à l'auteur, je vais m'appuyer sur l'exemple issu d'un échange par correspondance dans le cadre d'une table d'écriture autour des lieux de vie.

Depuis quelques années, j'accepte quelques participants par correspondance, en raison principalement de leur éloignement géographique. C'est dans ce cadre (plus précisément dans le cycle « Lieux de vie ») que se situe le travail avec Hélène. Je lui ai demandé d'assister à la première et à la dernière des rencontres du cycle, afin de nouer un lien avec le groupe. Les échanges entre-temps se sont réalisés par courriel. Je lui transmets les consignes d'écriture par internet et elle m'envoie ensuite ses textes suivant le calendrier du groupe. Je lis à chaque fois son texte au groupe et lui restitue par écrit un commentaire synthétisant les retours du groupe et le mien.

Ces échanges par courriels m'ont permis de disposer de traces écrites sur lesquelles fonder une analyse plus précise de « ce qui s'est passé » entre les trois acteurs impliqués dans le processus : Hélène, moi en tant qu'animatrice et le groupe. Je me retrouve ainsi en position de saisir plus finement ma pratique dans son évolution et ses questionnements.

> L'écrit, bien plus que la langue orale, possède une matérialité et une existence objective telles qu'une fois mon histoire mise en mots, elle existe pratiquement par elle-même, en dehors de moi. La matérialité dont il est question ici est celle du papier et du signe écrit qui se passent parfaitement de la présence de l'auteur du document pour exister, circuler, signifier. Cette matérialité est le fondement de la fonction de mise à distance accomplie par l'écrit, bien plus encore que ne peut le faire l'expression orale. (Lainé, 1998).

Hélène s'est inscrite au cycle « Lieux de vie et histoire habitée » après avoir déjà participé à deux autres cycles « Racines de vie » et « Ligne de vie », ce qui nous a permis d'établir une relation de proximité sans toutefois déborder sur l'intimité. Hélène est un prénom fictif et pour des raisons de confidentialité, je ne transcrirai pas son texte en entier mais je donnerai des extraits significatifs de celui-ci avec son accord.

Voici le thème tel que je l'ai proposé : « Après la maison natale, nous allons faire un bond dans le temps et l'espace pour rejoindre, à l'occasion de notre troisième rencontre, votre lieu de vie ou votre maison actuel(le). Je vous propose de le (la) décrire. Qu'est ce qui vous plaît en lui (en elle), qu'est ce qui vous déplaît, qu'avez-vous effectué comme transformation dans ce lieu, cette maison ? Comment vous y sentez-vous ? »

Suite à cette proposition d'écriture, Hélène m'a envoyé un texte de deux pages dont je transcris quelques lignes pour situer la problématique :

> *J'ai allumé le feu dans la cheminée pour écrire. J'ai voulu la chaleur du foyer pour écrire la maison. Pour décrire cette maison que j'ai toujours du mal à désigner et à considérer comme la mienne. C'est davantage celle de mon mari... Certes nous l'avons choisie ensemble mais c'est lui qui a signé l'intégralité des papiers chez le notaire. Nous avons fait un contrat de séparation des biens. Donc de mon point de vue, la maison demeurera celle de mon mari et pas vraiment la nôtre.*

S'ensuit une description (deux pages) de la maison qui se termine par ces lignes :

> *La salle de bain est comme beaucoup de choses dans cette maison : dans l'attente. Depuis dix ans, elle attend d'être refaite. Comme la piscine attend un jour d'être remplie. Comme les murs attendent des cadres ou des photos, qui elles-mêmes attendent d'être développées. Comme les fenêtres attendent des rideaux de couleur. Comme les pièces « à vivre » attendent enfin de vivre. "Votre maison n'est pas habitée", nous disait récemment un ami en toute sincérité. Il a sans doute raison. Mais, où trouverons-nous l'impulsion que nous n'avons pas trouvée ces dix dernières années ?*

Voici le retour que j'envoie à Hélène, suite à la rencontre de la table d'écriture lors de laquelle j'ai lu son texte. Il s'agit d'un résumé que je rédige le lendemain de la rencontre à partir de mes notes écrites prises lors de cette rencontre. Ces retours concernent l'ensemble du texte et pas seulement les dernières lignes reprises ci-dessus :

> *Je reviens à ton texte sur la maison actuelle et te fais part du retour du groupe. Les mots que tu emploies sont très*

forts : « béant », « attente de vivre »... Il y a dans ce texte une grande lucidité, une forme de constat clinique qui semble laisser peu de place à l'espoir de changement. Tu racontes la maison comme une observatrice à distance. On entend (le texte commence par là et finit par là) que tu n'arrives pas à investir cette maison, sauf ton bureau, sorte de bulle, de cocon enveloppant entre, d'une part, des espaces trop ouverts et, d'autre part, des espaces trop fermés (la chambre avec les volets fermés pour ne pas voir la terrasse nord). Les choses paraissent figées, sans vie réelle, sans avenir ... un peu comme la maison de la Belle au bois dormant, dans l'attente du Prince charmant qui viendrait la réveiller. Même le feu n'arrive pas à réchauffer la vie. Il nous semble que tu décris avec une grande précision les « comment » tu ne peux « habiter » cette maison mais en effleurant seulement la question des « pourquoi ». Qu'y a-t-il derrière ces mots qui viennent en préambule de la description et semblent annoncer la suite : ta séparation d'avec les biens, les choses et la disposition des lieux dans cette maison ?»

Suite à ce retour et dans la perspective de l'analyse que je souhaite mener au sein de notre groupe d'échange de pratiques, je lui propose un travail plus approfondi et plus individualisé. Voici la proposition telle que je la lui transmets :

Je souhaite te faire part d'une proposition d'analyse personnelle plus approfondie de ton texte sur la maison, dans la perspective du lien entre forme et contenu. Et ceci en vue d'expliciter ma pratique. Je te propose également d'intervenir dans ce travail par un retour que tu me feras ensuite sur cette analyse, sur ses effets, sa pertinence et aussi les questionnements qu'elle a suscités chez toi.

La réponse d'Hélène me parvient dès le lendemain :

Je viens de prendre connaissance à la fois des retours du groupe et de ton souhait de travailler sur mon texte. J'accepte bien volontiers ta proposition, convaincue comme toi que ce travail nous apportera à chacune. Je

> *suis donc toute disposée à contribuer par ce biais, avec toi, à l'avancée de la recherche théorique sur l'écriture en histoire de vie ! Un domaine qui m'intéresse et me questionne beaucoup aussi.*

Je lui propose dès lors une analyse personnelle plus fouillée, à partir de la question formulée en final par le groupe et envoyée à Hélène, à savoir : *Il nous semble que tu décris avec une grande précision les « comment » tu ne peux « habiter » cette maison mais en effleurant seulement la question des « pourquoi ».* Mon retour consiste à éclairer, à travers les méandres de son texte, des pistes de co-construction de sens (pour développer le pourquoi) sous forme d'hypothèses. Il s'agit par ailleurs de saisir à travers cette articulation du comment et du pourquoi, de quelle manière la forme peut ouvrir des pistes et passerelles de sens.

Dans ce retour personnel, je m'appuie sur ces lignes qui terminent le retour du groupe : *Qu'y a-t-il derrière ces mots qui viennent en préambule de la description et semblent annoncer la suite : ta séparation d'avec les biens, les choses et la disposition des lieux dans cette maison ?* Voici le texte que j'envoie à Hélène :

> *La question me paraît pertinente et pourtant il y a une série de mots et d'expressions dans ton texte qui évoquent la présence d'un sujet désirant et acteur de sa vie. La première phrase du texte l'affirme :* J'ai allumé le feu dans la cheminée pour écrire. *Magnifique entrée en matière, dans le feu de l'écrit... mais qui très vite se confronte à un constat froid et juridique : celui de l'impossibilité de faire sienne cette maison achetée par l'époux, à partir d'un contrat de séparation des biens.*

Tout le texte va répéter ce motif annoncé au premier paragraphe : un mouvement entre le « je » désirant d'Hélène qui se perd dans l'impuissance à se réaliser au sein de cette maison qui lui est étrangère, un « nous » qui se sépare en un « je » et un « il » qui paraissent inconciliables et ne semblent se retrouver que dans le partage des confusions, du constat des détériorations et des impossibilités d'action. La question posée à travers l'espace à habiter dans la maison reflète bien ce qui se joue dans l'espace relationnel : béance ou enfermement sans possibilité de fluidité, d'entre-deux, d'espaces transitionnels. Entre le « je » et le « nous », il ne semble pas y avoir de connections dans la maison. Or le « genou » (je-nous) est une des articulations majeures qui permet de se déplacer et de se mettre en marche.

Je vais ensuite reprendre et partager avec Hélène ce qui s'exprime à travers l'écriture des différents paragraphes en lien avec la question de l'espace aux articulations entravées.

Dans le deuxième paragraphe, Hélène revient sur la cheminée qui pour elle, est le cœur de la maison. Elle nous entraîne dans une belle évocation de celle-ci à partir d'un « je », sujet sensoriel et désirant.

> *Je ne me réjouis de l'arrivée de l'automne et de l'hiver que pour cette seule perspective de faire vivre la cheminée, d'y voir tournoyer les flammes et rougeoyer les braises, d'y entendre croustiller les bûches sous les mâchoires gourmandes du feu, ou de me faire surprendre par quelque craquement osseux plus ou moins sec. Sa bouche chaude surmontée d'une moustache rousse de chêne attire mon oreille, attise mon regard, aimante ma présence.*

Le texte laisse entrevoir à travers le vocabulaire choisi le désir et la gourmandise de vivre et d'aimer. Vient ensuite comme dans le premier paragraphe, la retombée – constat de l'impossibilité d'accéder à ce désir, celui de la relation intime avec le feu : *Cependant il est rare que je m'installe devant la cheminée. La pièce ne s'y prête pas... le canapé en est relativement éloigné... On ne reste pas devant la cheminée. On l'allume et puis on passe à autre chose.* Je note la rupture de ton brutale entre la première partie du texte qui fait appel à des mots à fortes connotations évocatrices *(faire vivre la cheminée, voir tournoyer les flammes et rougeoyer les braises, entendre croustiller les bûches sous les mâchoires gourmandes du feu... Sa bouche chaude surmontée d'une moustache rousse attire mon regard, aimante ma présence)* à partir d'un « je » qui ose la sensualité, dans une phrase longue et enveloppante et la deuxième partie qui opte pour la forme distanciée et indéfinie du « on » en recourant à la description des objets qui imposent leur immobilité et leur rigidité.

Où se situe l'obstacle qui gèle l'élan et le désir ?
> *C'est le salon derrière qui n'y invite pas. Un salon trop grand ouvert, sans cloison, qui se confond avec le vestibule. D'ailleurs la porte d'entrée s'ouvre quasiment sur le canapé. On entre par le salon en somme. Le salon fait vestibule. Ou l'inverse, on ne sait plus très bien. Et de fait, en entrant, on se débarrasse volontiers de ses vêtements sur le dossier du canapé, lesquels vêtements ont tendance à y rester...*

De l'enveloppement voluptueux du « je », on passe à un « on » indéfini pour arriver à l'emprise des choses (le salon, la porte d'entrée, le canapé, les vêtements) qui deviennent acteurs de la paralysie (*la porte d'entrée s'ouvre quasiment sur le canapé, le salon fait vestibule, les vêtements ont tendance à y rester*) et qui empêche toute forme d'intimité. Le style vient souligner le changement : de la phrase longue et enveloppante, on passe à des phrases courtes, avec des petits mots qui renforcent l'impression d'avoir affaire à un rapport d'observation sur un monde étranger *: d'ailleurs, en somme, de fait...* Le paragraphe se prolonge avec la description du salon et de son canapé rouge, couleur qui à nouveau évoque la passion, la vie, l'amour... qui rappelle le rougeoiement des braises en début de paragraphe, mais qui, ici, se voit coupé de toute énergie positive par la place démesurée qu'il occupe : ce meuble *immense,* qui *couvre deux pans de murs* et dont *la vive couleur rouge en fait le point de mire de la pièce* semble plus écrasant qu'invitant. A côté de l'entrée, ce canapé ne tient pas ses promesses. Il y a réapparition dans le texte d'un « je » qui confie sa déception, dans une courte phrase : *mais pour autant, ce n'est pas un lieu de détente où je prends plaisir à rester.* Une nouvelle information nous est donnée : l'excès qui s'inscrit dans les dimensions et la couleur (ce rouge intense) du canapé pourrait être en partie la cause d'une impossibilité de la relation intime. Cette fois encore, un même processus stylistique se déploie : le « je » sujet va s'absenter, disparaître derrière le poids de l'immobilité des choses et de l'indéfini qui les caractérise. Le sentiment de malaise se renforce par la confusion des fonctions : ce canapé rouge ne sert pas à s'asseoir mais devient *dossier porte-manteau plutôt que siège* par sa position proche de la porte de l'entrée : *en y entrant on se débarrasse volontiers de ses vêtements sur le dossier du canapé, lesquels vêtements ont tendance à y rester.* De meuble socle invitant à s'asseoir, lire, parler, se reposer, le canapé va devenir meuble porte-manteau, participant ainsi à une confusion plus générale soulignée par Hélène : *D'ailleurs la porte d'entrée s'ouvre quasiment sur le vestibule. Ou l'inverse on ne sait plus très bien...*

Le lecteur se sent pris de tournis face à ce texte qui à la fois l'invite à imaginer *sa surface en velours et sa chaleureuse couleur rouge* pour tout de suite le renvoyer au fait qu'*il ne tient pas chaud. Il est trop ouvert à tous les vents, à tous les courants, d'air et d'énergie.* Le paragraphe se termine sur une courte phrase de désenchantement : *Ses bras ne se referment pas sur vous* qui réintroduit un questionnement sur la projection entre la relation amoureuse et la passivité de l'objet. Le prince charmant n'embrasse pas la princesse endormie. Il en est empêché par trois éléments : sa place (trop près de l'entrée), sa dimension (immense) et la confusion des fonctions (il sert de porte-manteau, objet banal et utilitaire). « On » peut se demander qui a organisé cette course d'obstacles qui fait échouer la rencontre avec le « je » sujet désirant. Pas de réponse dans le texte. Le sujet a disparu, happé par le monde des choses qui ont pris le pouvoir... Comme le monde des textes juridiques a pris le pouvoir sur la maison dans le premier paragraphe, la vouant à la séparation des biens et des êtres.

Le même processus se répète dans le troisième paragraphe, à travers l'indétermination et la confusion de dénomination de la fenêtre : appartient-elle à la salle à manger ou à la cuisine ? Impossible à savoir puisque l'une et l'autre pièce se confondent dans un espace mal défini. Cette fois encore, le « nous » est mis en échec : *François et moi ne sommes jamais tombés d'accord pour désigner la fenêtre qui se trouve devant la table. Pour lui c'est la fenêtre de la cuisine, pour moi, celle de la salle à manger.* Ce « nous » en perdition va par contre se ressouder face au « chaos » de la terrasse nord. La porte-fenêtre de la cuisine *s'ouvre sur la terrasse nord : un champ de ruines... Une piscine vide, un terrassement en ardoise jamais entretenu... spectacle de désolation. C'est presqu'une évidence de dire que nous ne venons jamais sur cette terrasse. Nous la délaissons depuis dix ans.* Le constat se prolonge par une même reddition devant l'action : *En revanche, François ou moi nous plantons régulièrement devant la porte-fenêtre pour constater les dégâts et nous en désoler...Nous évoquons alors des idées d'amélioration, des projets plus ou moins ambitieux, mais toujours, nos priorités se portent sur d'autres choses, ailleurs.*

Le quatrième paragraphe amène un tournant dans le texte, avec la terrasse sud et la partie arborée du jardin. Le « nous » va enfin apparaître comme possible, rassemblant à juste distance le « je » et le « tu » :

> *C'est sur cette terrasse que nous prenons nos repas d'été. Et c'est certainement la pièce que je préfère, lorsqu'il fait beau. Une pièce qui n'en est pas une. Une pièce à ciel ouvert, en contact direct avec le jardin, les arbres, les oiseaux. C'est là qu'en été, je prends plaisir à flâner seule ou avec mon mari. Là je me sens bien. En harmonie avec tout ce qui vit autour de moi, en totale liberté comme les tourterelles et moineaux qui s'approchent pour tremper leur bec ou leurs plumes dans les petites bassines d'eau que nous remplissons pour eux. Attendris, nous les regardons se désaltérer et s'ébrouer dans l'eau avant de s'élancer de nouveau vers le ciel, légers, libres. Sur cette terrasse, le temps des repas s'étire plus volontiers et les conversations se font parfois plus profondes. Il s'y passe et s'y dit des choses plus essentielles.*

L'écriture cette fois est limpide et coule de source avec une réelle légèreté. Nous ne sommes plus dans le même schéma de narration (désir du « je », emprise du « on » et impossibilité du « nous ») mais bien dans un autre « déroulé » où s'affirme la présence d'un « je » vivifié par l'harmonie du monde autour de lui. La liberté, la légèreté et l'échange sont au rendez-vous.

Les cinquième et sixième paragraphes vont éclairer l'autre face de la maison, la face cachée. Le conte semble cette fois évoquer davantage l'histoire de « Barbe bleue ». Que dit le texte ?

> *Face à la porte d'entrée, sur la partie droite, un couloir petit. Dans ce couloir, cinq portes, toujours tenues fermées lorsque quelqu'un vient. D'ailleurs, cette partie-là de la maison est aussi cloisonnée et fermée que l'autre est ouverte, voire béante.*

Les différentes portes vont nous être ouvertes tour à tour :

> *La première porte, sur la droite, est celle de mon bureau. Mon antre. La pièce la plus petite de la maison mais la pièce où je passe le plus de temps. La pièce où je me retire, où je me sens chez moi, entourée de ce qui m'est le plus familier, le plus intime. La pièce où je travaille, où j'écris. Ma pièce....*

Cette fois, le texte affirme le « je » dans une présence pleine, entière. Chaque phrase courte mais dense contient soit un pronom personnel, soit un pronom possessif. Plus rien n'est indéfini. Les dimensions changent : c'est « le plus petit » et « le plus intime » qui domine par rapport à « l'immense » dans « la béance » de l'autre côté de la maison, celui du « nous ». Une bibliothèque *couvre sur toute sa largeur et toute sa hauteur le plus grand des quatre murs,* ce qui pourrait apparaître comme une sorte de mur d'enceinte de château fort. Tout dans le bureau d'Hélène va faire contrepoids à ce qui a été décrit du côté droit : ici sur les étagères, des photos et cartes postales, objets fétiches, souvenirs par rapport au vide de l'autre côté. Un bureau large pour s'y disperser à l'aise par rapport à la table mi-cuisine et mi-salle à manger mal éclairée où l'on mange vite. La fenêtre qui donne sur le jardin, sur le grand cèdre et le grand saule alors que de l'autre côté dans la cuisine, elle donnait sur la terrasse nord en ruine. Sous les pieds, un épais tapis rouge qui tient chaud alors que de l'autre côté on ne peut se sentir proche ni de la cheminée rougeoyante ni du canapé rouge. Ce lieu, très intime, va encourager le contact avec l'extérieur mais à partir et dans l'enceinte de l'intérieur. Les pensées circulent mais le corps reste enfermé car comment sortir de ce lieu *que j'ai parfois du mal à quitter, une pièce où je passe si librement les frontières... où se trouvent ceux et celles avec qui j'entretiens une correspondance. Lieu de libre circulation de pensées.* Le danger se dessine, celui de vivre de manière virtuelle, dans un imaginaire sans frontière, plutôt que dans la rencontre réelle de l'autre.

Le sixième paragraphe évoque les deux autres portes du couloir :
> *une chambre en pagaille dans laquelle a fini mon piano - détrôné par l'arrivée du grand canapé rouge - et bien d'autres affaires considérées comme inutiles... C'est une pièce qu'au mieux on pourrait qualifier de chambre d'appoint, mais alors pour des hôtes très très indulgents.*

Nous voici à nouveau relégués dans le royaume de l'indéfini, rejoignant côté coulisse la béance du côté visible.
> *L'autre chambre, c'est la nôtre. Il y règne aussi du désordre. Mais un désordre plus apprivoisé, plus familier. Dans cette chambre, j'aime surtout la couette en coton... et les teintes orangées. Seul bémol : la fenêtre s'ouvre sur cette fameuse terrasse morte. Alors je tiens souvent le volet de notre chambre fermé, en guise d'écran.*

Ainsi, le texte qui ouvre sur une piste positive, la couette en coton et les teintes orangées, se referme aussitôt devant les volets clos sur cette fameuse « terrasse morte ». Cette fin de description évoque l'interdiction de Barbe Bleue d'ouvrir la chambre interdite. La menace viendrait donc de la terrasse morte ?!

C'est bien là sans doute que se trouve une des clés de l'énigme : que symbolise et cache la *terrasse morte, le champ de ruines*, dans l'histoire de chacun des deux membres du couple, créant l'empêchement de la vie et de la transformation ? Il y a là un lieu symbolique qui semble bloquer la circulation dans toutes les pièces de la maison. Seuls en sont protégés le jardin sud avec ses arbres et ses oiseaux où le « nous » peut émerger par la parole et le petit bureau au tapis rouge, avec son mur de livres et ses objets vivants où le « je » peut s'écrire.

Le texte se termine par l'intervention d'un ami sincère qui ose « parler » la situation : *Votre maison n'est pas habitée*. Il semble plus juste toutefois de nuancer le diagnostic : une partie de la maison n'est pas habitée, il s'agit des pièces en contact avec la terrasse nord et sa piscine vide. On peut se demander dans quelle « pièce » Hélène et François ont été « emprisonnés » par leur histoire familiale et sociale ? Quelle « pièce » rejouent-ils dans l'espace de la maison ? Toutefois le jardin au sud reste source d'espoir et de forces vives, d'ouverture et d'impulsion pour sortir de l'impasse (fin de ma proposition d'analyse du texte).

Ce texte d'une très grande richesse symbolique permet de percevoir combien une description des différentes pièces de la maison permet de formuler des pistes de réflexion sur ce qui se joue dans l'histoire de vie de son auteur. Mais encore comment la forme vient apporter des indices quant aux hypothèses sur le contenu, en ouvrant des pistes de liens et de sens.

A travers la retranscription de ces échanges autour du texte d'Hélène, j'ai tenté de donner à voir ce que peut permettre une analyse narrative portant à la fois sur la forme et le fond d'un écrit personnel. Il s'agit de pointer l'attention sur le vocabulaire choisi, la construction de phrases, l'emploi des temps, des déterminants, des pronoms personnels, le ton, les images et figures de styles, mais aussi les ruptures de « sujets », les répétitions, les adjectifs ou adverbes récurrents ou au contraire exceptionnels... les lapsus ou erreurs, les silences, les oublis, les incohérences... Ce qui induit des pistes d'hypothèses de lien et de sens par rapport à l'histoire tout en laissant à l'auteur la possibilité de s'en saisir ou non.

Les effets de ce travail d'écriture et des retours réflexifs

Suite à la suggestion du groupe d'analyse des pratiques, j'ai repris contact avec Hélène pour lui demander quels effets ce travail et plus généralement sa participation à la table d'écriture par correspondance avaient-ils produits chez elle ?

Voici la réponse écrite d'Hélène (envoyée par courriel). Elle réagit tout d'abord sur ce qui s'est passé pour elle lors de l'écriture de ce texte.

> *Tout d'abord oui, parler de l'écriture de ce texte. Dire que cette écriture m'a bouleversée comme peut-être aucun autre texte écrit pour les tables ne l'avait fait jusque là. J'ignore s'il y a un lien mais c'est le seul texte que je n'ai pas rédigé dans mon bureau. Comme je le précise dès la première phrase, je l'ai écrit dans le salon, face au foyer allumé. Sans doute avais-je besoin d'être hors de mon bureau, sorte de bulle, de cocon enveloppant afin de mieux raconter la maison comme une observatrice extérieure. Une écriture qui m'a bousculée peut-être parce que - comme le souligne Annemarie - j'ai écrit ce texte avec une grande lucidité, une forme de constat clinique.*
>
> *Lucidité, c'est le mot ; j'ai effectivement eu l'impression tout au long de cette écriture... de mettre au jour. J'ai senti, plus encore qu'avec mes textes écrits au cours du cycle précédent (Racines de vie) que j'entrais là dans une écriture très intime : l'écriture de mon « intérieur ».*
>
> *L'écriture de la maison, c'est les volets qui s'ouvrent. L'écriture comme une mise en lumière. Je n'avais jamais écrit sur mes lieux de vie, sur la maison actuelle. Jamais ouvert les volets sur cette pièce de mon intérieur.*

Hélène souligne ici un premier élément significatif du dispositif : l'importance de proposer des thématiques (dans ce cas, la description de la maison actuelle) qui incite à changer de point de vue (sortir du cocon de son bureau) et à ouvrir les volets (mettre en lumière ce qui était dans l'obscurité ou dans l'ombre).

Ensuite elle poursuit à propos des retours que je lui ai envoyés suite à la rencontre du groupe (lors de laquelle j'ai lu son texte) :

> *A la première lecture de ce compte-rendu des retours du groupe, des mots ont résonné fortement : « figées, sans vie réelle, sans avenir. Absence d'animaux, d'enfants dans la maison, de tout projet mis en œuvre par le couple ». Ce constat venait corroborer ce que j'avais perçu à l'écriture et donc accentuer la prise de conscience : mais où est donc la vie dans ma vie ? Pourquoi cette absence de vie autour de moi ? Pourquoi ce sentiment de me trouver dans une remise, entourée de mannequins écaillés, poussiéreux et démembrés ? Qu'est-ce que j'attends ? Qui est-ce que j'attends ? Les retours évoquent « La Belle au bois dormant dans l'attente du prince charmant ». Cette allusion fait mouche. Elle m'avait déjà été faite. Pourquoi endormie ? Par quoi ? Par qui ? Depuis quand ?*

Sur cette lancée, Hélène se saisit de mon analyse plus approfondie de son texte dans le cadre de notre groupe d'échange des pratiques :

> *Dans son analyse, Annemarie écrit : on peut se demander qui a organisé cette course d'obstacles qui fait échouer la rencontre du « nous » ? Cette phrase est une balise qui guide mon questionnement, je sens bien que c'est là qu'il me faut chercher. Pourquoi je dors ? Et pourquoi je choisis un Prince qui ne sait pas me réveiller... voire, qui se laisse gagner lui aussi par le sommeil. Qu'est ce qui en moi a tellement intérêt à ne pas être réveillé. A ne pas voir le jour ?*

Cette fois Hélène se saisit du « pourquoi ? », avec un « je » sujet qui reprend la main.

Elle poursuit :

> *Annemarie pointe la rupture de ton entre la première partie où il y a un « je » qui ose la sensualité, dans une phrase longue et enveloppante et la deuxième partie qui opte pour la forme distanciée et indéfinie du « on » avec la personnification des objets imposant leur immobilité et leur rigidité. Voilà que les larmes coulent toutes seules, des larmes qui viennent de loin, du désir étouffé peut-*

> être... ça coule, ça coule. Et me reviennent les mots d'Annemarie qui évoque la piscine vide. Des mots qui m'avaient beaucoup touchée dès la première lecture et qui me touchent encore à les reprendre là. Cette piscine vide devant la « chambre nuptiale » m'évoque la même désolation que l'Angélus, ce tableau maintes fois reproduit par Dali, de ce couple recueilli pour prier autour du cercueil de leur enfant mort. Mais quel serait cet enfant mort ? Il y a certes dans mon arbre généalogique des questions restées en suspens au sujet d'enfants morts en bas âge ou au moment d'une naissance. Peut-être me faudrait-il revisiter tout cela.

Cette fois Hélène donne une direction à ses « pourquoi ». L'émotion surgie face à une phrase lue et relue la met sur le chemin. La question de cette relecture me revient et m'interpelle par rapport à mon dispositif, par rapport à l'écrit et l'oralité qui y sont parties prenantes. Hélène aurait-elle ressenti de la même manière cette phrase si elle avait été prononcée oralement lors de la rencontre du groupe ou ne l'aurait-elle pas entendue, voire rapidement éliminée de la mémoire ? Difficile à savoir. Il semble que l'écrit lui permette un dosage dans l'approche de la « phrase » : lecture une première fois, retour et relecture qui déclenche l'émotion. Permission aussi des larmes qui concrétisent l'émotion, hors du regard social du groupe mais non sans sa présence implicite.

Hélène revient sur l'évocation des émotions ressenties suite à la lecture du compte-rendu des retours du groupe :
> La lecture du compte-rendu du groupe sur ce texte a désordonné quelque chose en moi. Dans un premier temps, j'ai ressenti de la honte. Honte que mon intérieur ait été extériorisé par l'écriture et par la lecture – par Annemarie – de ce texte, honte que le groupe ait eu connaissance de ce que d'habitude je tiens farouchement caché. J'ai été assez mal à l'aise pendant plusieurs jours avec cela. Avec ce sentiment d'avoir été délogée de ma tanière. C'est là que je me suis dit que les tables par correspondance étaient une distance dont j'avais encore

> *besoin. Un palier intermédiaire nécessaire avant d'envisager de « sortir » mes textes.*

Elle souligne ici l'intérêt et l'effet spécifique de la table par correspondance qui assure une distance physique, géographique et temporelle, constituant un entre-deux, un lieu de passage (celui qui manque dans la maison) entre l'extérieur et l'intérieur, qui permet de socialiser certaines émotions et/ou événements, sources de honte ou de culpabilité.

A ce propos de cette distance, elle précise :

> *Lorsque je suis présente aux ateliers ou tables d'écriture, les retours qui me sont faits ne me parviennent pas dans leur intégralité. Comme je suis souvent beaucoup dans l'émotion suite à la lecture de mes textes et au dévoilement que cela suppose, les filtres se mettent en place et occultent bien des propositions fort intéressantes qui pourraient m'aider dans ma construction de sens. Il y a aussi le fait que je me sens souvent partagée entre le désir d'être en contact visuel avec les personnes qui me font des retours et le désir de saisir, de capter, cette « matière » précieuse en la transcrivant dans mon cahier.*

Cette mise à distance, qui a permis une prise de conscience de ses émotions suivie d'un questionnement sur les « pourquoi », a-t-elle amené à des transformations pour autant ? Hélène note l'amorce de plusieurs projets qui ont été mis en route : action de déplacer les meubles dans les jours qui ont suivi les retours, décision avec son mari de contacter un artisan pour la réfection d'une des pièces (mais sans enthousiasme) et engagement d'Hélène dans une formation en histoire de vie. Elle précise : *A ce jour, je demeure – si je puis dire – encore dans la confusion au milieu de tout cela. Alors je laisse le chemin se faire, ce qui ne signifie pas du tout que je laisse faire.*

Si Hélène souligne la frustration ressentie du fait de n'avoir pas pu entendre les lectures des autres participants et les retours sur leurs textes, ce qui lui aurait permis de se sentir davantage en prise avec les vécus partagés, elle note cependant que les deux avantages majeurs des tables d'écriture par internet restent :

> *d'une part la distanciation du groupe qui m'a été nécessaire pour m'autoriser à entrer dans une écriture de l'intime. Et d'autre part, les comptes-rendus de retours rédigés par Annemarie. Justement parce qu'ils sont rédigés avec précision, ce qui me permet de les lire autant de fois que nécessaire et aussi de les imprimer et les classer soigneusement.*

Ce qui l'amène à préciser en quoi ce travail lui sert dans un projet concret :

> *Actuellement, je travaille à l'écriture de fragments autobiographiques et je tire un grand bénéfice de ce classement car je suis très souvent amenée à relire ces textes et ces retours. Et je peux l'affirmer, ce « travail » effectué au cours des tables d'écriture par correspondance est à l'origine de la concrétisation de ce désir d'écrire un objet livre et par conséquent d'envisager la « socialisation » de mon récit de vie. Les tables d'écriture par correspondance ont été pour moi un palier indispensable dans ce processus.*

Il apparaît donc qu'Hélène a su se saisir de cette modalité offerte d'une participation par correspondance pour avancer dans un projet personnel d'écriture dans lequel elle se positionne en tant que sujet impliqué.

Résonance et questionnement sur ma pratique

Outre le fait que ce dispositif où tout passe par l'écrit m'a invitée à une prise de conscience et une analyse plus fine des échanges et de leur portée, il m'a menée vers une perception accrue de la spécificité du travail proposé, de ses potentialités et de ses limites. Ecrire sa pratique l'explicite, y compris pour l'animateur ou le formateur. J'en ressors davantage consciente aussi de ce que la portée de commentaires et retours par l'oralité ou l'écriture diffère. Il ne s'agissait pas de restituer mot à mot à Hélène ce qui avait été partagé dans le groupe mais de le lui traduire « par écrit », évitant les risques d'imprécision ou de malentendu. Le fait que nous étions l'une et l'autre formées aux pratiques d'animation de groupe nous a sans aucun doute permis de trouver rapidement un juste équilibre entre proximité et distance sans disposer des signes non verbaux de la présence physique.

Ce qui m'a paru dynamisant dans cette expérience, c'est qu'elle venait (re)questionner ma pratique, qu'elle la remettait en mouvement, me confrontant à des traces écrites qui m'offraient la possibilité d'un regard réflexif et critique sur celle-ci. Cette réflexivité m'a confortée dans la nécessité de ne pas dépasser le registre de la formation et du développement personnel. Si des hypothèses de travail sont proposées à partir des récits écrits des participants, il leur appartient de s'en saisir ou non et d'en disposer selon leurs convenances dans la poursuite d'un travail littéraire et/ou personnel plus approfondi sur leur histoire, qui n'a pas sa place dans le cadre proposé.

La démarche n'en reste pas moins clinique en ce sens qu'elle cherche à se situer au plus proche de l'expression du vécu des participants et porte sur une recherche de liens et de sens, incluant la prise en compte d'éléments de compréhension et d'expression des émotions, mais s'interdit de franchir la frontière qui la sépare de la psychothérapie et de l'approche psychanalytique. Les référents théoriques restent cadrés par un corpus de références qui renvoie à la sociologie clinique et l'approche biographique tandis que le mode opératoire reste strictement borné par un travail limité au contenu des textes écrits. En ce sens, il me paraît qu'une telle approche relevant de la clinique narrative s'avère riche en développement sur le plan existentiel, notamment par la socialisation des récits singuliers qu'elle propose dans une société qui oscille entre hyper individualisation et globalisation.

Références bibliographiques

Barrère, A. & Martucelli, D. (2009). *Le roman comme laboratoire : de la connaissance littéraire à l'imagination sociologique.* Lille : Presse universitaire du Septentrion.

Chiantaretto, J.-F. (2011). *Trouver en soi la force d'exister, clinique et écriture.* Paris : CampagnePremière.

Martin, N. ; Spire, A. & Vincent, F. (2009). *La résilience. Entretien avec Boris Cyrulnik.* Lormont : Le bord de l'Eau éditions.

Delerm, P. (2011). *Ecrire est une enfance.* Paris : Albin Michel.

Gaulejac, V. (de), Hanique, F. & Roche, P. (2007). *La sociologie clinique. Enjeux théoriques et méthodologiques.* Toulouse : Erès.

Goldmann, L. (1970). *Marxisme et sciences humaines.* Paris : Gallimard.

Laine, A. (1998). *Faire de sa vie une histoire.* Paris : Desclée de Brouwer.

Legrand, M. (2006a). Raconter son histoire. In X. Molénat (Ed.), *L'individu contemporain. Regards sociologiques* (pp. 73-87). Auxerre : Editions sciences humaines.

Legrand, M. (2006b). Préface. In A. Trekker (Ed.), *Ecritures de vie. Textes et pistes pour aborder le récit de vie.* Tellin : Traces de vie.

Legrand, M. (2009). *Le sujet alcoolique, essai de psychologie dramatique.* Paris : Desclée de Brouwer.

Lyotard, J.-F. (1979). *La condition postmoderne : rapport sur le savoir.* Paris : Minuit.

Niewiadomski, C. (2012). *Recherche biographique et clinique narrative.* Toulouse : Erès.

Ricœur, P. (1985). *Temps et récit,* tome 3 *: Le temps raconté.* Paris : Seuil.

Trekker, A. (2006). *Les mots pour s'écrire. Tissage de sens et de lien.* Paris : L'Harmattan.

Trekker, A. (2010). *Des femmes s'écrivent. Enjeux d'une identité narrative.* Paris : L'Harmattan.

Winnicot, D. W. (2002). *Jeu et réalité, l'espace potentiel.* Paris : Gallimard.

Accompagner les personnes sur leur chemin d'écriture

Michèle Cléach

> *Ecrire, c'est s'insérer dans l'ordre du langage. Mais aussi bousculer cet ordre en vue d'un ordre nouveau. Risquer d'y perdre son identité. Rencontrer des brèches, des craquelures sur le sentier des mots par où la créativité, cette herbe folle, cherche un passage.*
>
> *Marité Villeneuve*

J'anime des ateliers d'écriture. Littéraires et professionnels. En présentiel ou par email. Des ateliers généralistes, des ateliers d'écriture thématiques, un cycle « Ecrire et transmettre son histoire de vie ». Des formations aux écrits professionnels, à l'écriture des pratiques professionnelles. Et je fais partie de l'équipe des formateurs de formateurs en écriture au sein d'Aleph-écriture.

Dans les débats au sein de notre groupe de travail autour des textes préliminaires que nous avions commis, deux points ont particulièrement fait l'objet d'échanges et d'intenses discussions : la question du cadre (à travers, entre autres, la dénomination de nos lieux respectifs d'activité - atelier d'écriture, tables d'écriture - à Annemarie Trekker et moi-même), et la question des retours (sur la forme et/ou sur le fond) sur les textes produits par nos participants. Si ces deux points ont retenu toute mon attention, c'est qu'ils venaient rencontrer ce qui, pour moi, est l'enjeu primordial de mon activité : celui de l'accès à l'écriture pour chacun des participants, accès qui vient questionner leur rapport à l'écrit, leur rapport à la langue. Cet enjeu pour le sujet de trouver le chemin de son écriture singulière, et donc de travailler son rapport à la langue, j'ai tenté de le traduire dans un questionnement sur mon activité : si la visée des ateliers d'écriture est d'accompagner les personnes sur leur chemin d'écriture – qu'il soit chemin de désir ou chemin obligé - de leur permettre de s'autoriser à écrire et de développer une langue singulière, comment je m'y prends pour « baliser » ma pratique ? Comment mettre en place les garde-fous nécessaires, de façon à ce que ces personnes puissent se sentir suffisamment soutenues pour se risquer sur ce chemin-là et développer une pratique autonome, quel que soit l'objet de l'écriture ? Autrement dit, quel est ce « cadre » que je mets en place, comment je le tiens, quel « jeu » je lui accorde, pour que chacun et chacune, s'inscrivant dans un atelier d'écriture, puisse oser prendre en confiance, tous les « risques » nécessaires pour accéder à sa propre langue ?

La question de la langue

Dans un entretien qu'il donnait le 15 avril 2013 au Centre Pompidou, Wajdi Mouawad (auteur et metteur en scène québécois d'origine libanaise) proposait cette distinction entre écriture et langue : « la langue, c'est ce que chacun construit à partir de l'écrit, entendu comme l'ensemble des règles qui le régissent, et enseigné à tous de façon identique ; la langue c'est donc la manière singulière d'écrire, d'autres diraient, c'est le style ». Et dans un entretien du Magazine Littéraire de septembre 2013, dans un dossier consacré au style, Pierre Bergougnioux le définit ainsi : « Bien au-delà d'une tournure insolite, le style est une présence au monde ». Ce que François Gantheret donne à voir de façon très concrète dans son livre Psychanalyse et littérature :

> Il y a sans doute autant de modes d'écrire que d'écrivains. Mais je crois que c'est, de quelque façon qu'on s'y confronte, toujours de cela qu'il s'agit : quel mot à la suite de celui-ci, quelle phrase, quelle image convoquée ? La plume reste en suspens au-dessus du

> papier, le doigt au-dessus du clavier. Ce mot-là conviendrait tout à fait, si je veux « écrire beau ». Mais à peine posé, je le retire, je le rature, ou même, à peine pensé, je le révoque. Il conviendrait sans doute, mais il ne serait pas…exact. Exact avec quoi ? Je n'en sais rien. Avec ce tremblement de quelque chose en moi qui est en espoir d'émerger, et que ce mot-là calmerait sans doute mais en l'étouffant, alors que ce que cela demande, c'est à vivre. (2010, p. 30)

Quant à Cathie Barreau, tout en revendiquant de ne jamais faire de propositions dans ses ateliers qui relèvent d'un thème - et surtout pas de propositions d'écriture autobiographique - mais de proposer du *matériau* de façon à ce que ce que dit le texte soit « un propos travaillé, passé au crible du langage qui émerge et constitue plus un regard, un parti pris éclairé, qu'un sentiment mal dégrossi », elle affirme également dans un entretien à la revue Les Chaintres : « Il n'en reste pas moins que si l'on écrit avec le langage, on écrit aussi avec sa propre expérience de la vie et ce qu'on observe du monde » (2005, pp. 37-38). Manière singulière d'écrire, présence au monde, manière de faire vivre ce qui tremble en nous de non encore advenu, ou expérience de la vie et observation du monde ? Autant de façons de dire ce qui se pose pour chacun d'entre nous quand il s'agit d'écrire : comment je fais, quel matériau est à ma disposition qui me permette de trouver ma langue – mon style ? – et affirmer ma singularité, ma manière d'être au monde ?

Ainsi, lorsque j'anime des ateliers d'écriture, j'ai à cœur de proposer aux participants un espace où chacun ait sa place, et qui soit suffisamment contenant pour que chacun puisse, en confiance, travailler et affirmer sa singularité à travers sa propre langue : fuir le langage convenu, appris, stéréotypé ; ne pas essayer de « faire beau » ; refuser les clichés ; creuser sa propre mine ; trouver sa note, la faire vibrer, la tenir jusqu'à faire émerger le texte désiré.

Si j'accorde dans ce texte une place particulière au cycle « Ecrire et transmettre son histoire de vie » que je propose au sein d'Aleph-écriture, j'ai choisi délibérément de ne pas cantonner mon propos aux ateliers d'écriture à teneur autobiographique, les dispositifs mis en place étant strictement identiques quel que soit le thème de l'atelier et la visée toujours la même. Fiction, autobiographie, écriture professionnelle, il s'agit toujours de travailler le « comment dire » sa présence au monde. Pour ces ateliers que j'anime – que ce soit au sein d'Aleph-écriture ou proposés en mon nom propre – je fais miens les propos de Cathie Barreau :

> Le protocole de l'atelier d'écriture oriente l'attention de l'auteur-participant vers le matériau langage. Il ne s'agit pas de s'exprimer, mais de fabriquer un objet-texte. Mon projet pour chaque atelier, quel que soit le public, est de constituer un laboratoire, lieu d'expérimentation où chacun fait ses gammes et cherche son écriture, se forme grâce au groupe». (2005, p 37)

Autrement dit, écriture autobiographique ou de fiction, ce dont on parle en atelier, c'est toujours de l'écriture, de la forme que chacun peut lui donner et non pas du fond. Cependant, je fais aussi le constat, après plusieurs années de pratique d'animation, que les effets du travail en atelier ne sont pas circonscrits à l'écriture. Il existe des effets « de surcroît » dont témoignent régulièrement les participants, et ceci, quelle que soit la nature de l'atelier, écriture littéraire, autobiographique ou de fiction, ou écriture professionnelle. Dit encore autrement, le travail de la langue produit des effets sur la personne et pas seulement sur son écriture. Conséquences du travail de l'écriture que Régine Robin, dans son très beau livre « Le deuil de l'origine, Une langue en trop La langue en moins » (2003) définit ainsi :

> L'écriture désinstalle, dématernise, déterritorialise, arrache à l'enracinement, creuse un écart, rend visible la perte, la castration symbolique, le manque. L'écriture serait trajet, parcours, cette objectivation qui viendrait à tout instant rappeler qu'il y a de la perte, qu'on n'écrit jamais que dans cette perte, que rien ne viendra combler le manque, mais que l'acte d'écrire, l'impossibilité d'écrire dans l'écriture même est la tentative toujours déçue et toujours recommencée de déjouer la perte,

l'apprivoiser, la mettre à distance ; la tentative de saturer, de suturer tout en sachant que l'on ne peut y arriver.
(p. 11)

Quelle pratique ?

Alors que j'étais formatrice-consultante j'ai commencé à participer aux ateliers d'écriture proposés par Aleph-écriture à la fin des années 90 après une première expérience d'atelier d'écriture professionnelle, dans l'institut de formation dans lequel je travaillais. Si j'étais déjà convaincue que l'écriture pouvait avoir une fonction émancipatrice si tant est qu'elle n'était pas instrument de pouvoir sur les autres mais au contraire de prise de pouvoir sur sa propre vie, la place faite au sujet dans les dispositifs et les démarches pédagogiques mis en place dans les ateliers proposés par Aleph m'ont amenée à m'y intéresser de plus près. Dans les années 2002 – 2005, je me suis formée quasi simultanément à l'animation d'ateliers d'écriture et à la démarche des histoires de vie en formation à l'Université de Nantes. J'ai complété cette formation en participant au séminaire proposé à Paris 8 par Danielle Desmarais (Professeure à l'école de Travail Social, Université du Québec à Montréal, Membre fondateur du Réseau Québécois pour la Pratique des Histoires de Vie), *Démarche autobiographique et rapport à la lecture et l'écriture*, sans parler des séminaires et journées d'études proposés par l'Institut International de Sociologie Clinique.

J'ai fait mes premières expériences d'animation d'atelier en proposant des stages thématiques et en animant des ateliers pour les étudiants d'une école de commerce. A partir de 2009, j'ai fait de l'animation d'ateliers d'écriture et de l'accompagnement en histoires de vie mon activité principale. Je m'en tiendrai ici aux ateliers d'écriture. Les personnes qui s'inscrivent aux ateliers d'écriture littéraire le font pour toutes sortes de raisons mais toujours poussées par le désir d'écrire. J'interviens également en « intra », au titre d'Aleph ou en mon nom propre, dans des formations aux écrits professionnels ou à l'écriture des pratiques, dans le cadre de contrats passés avec des institutions.

Les formations se déroulent alors dans des lieux reliés à ces institutions. Les modalités de participation des personnes peuvent être très différentes d'une institution à l'autre. Certaines personnes s'y inscrivent volontairement, alors que pour d'autres, minoritaires heureusement, la formation leur est imposée et cela n'est pas sans conséquences, tant pour les personnes que pour le groupe en formation.

Que ces ateliers ou formations soient proposées dans le cadre d'Aleph-écriture ou en mon nom propre, la démarche, le cadre et les dispositifs restent les mêmes. C'est-à-dire que quel que soit l'objet de l'atelier ou de la formation : fiction, autobiographie, écriture professionnelle, c'est toujours l'écriture qui est au centre des dispositifs. « Quand nous disons que nous travaillons sur la forme en atelier, ce n'est pas un choix. Il me semble que c'est parce qu'il n'y a pas d'autre façon de travailler sur l'écriture, que c'est l'objet de l'atelier » (Barreau, 2005, p. 35).

D'où ça me vient ?

Que je me tourne vers la lignée maternelle ou la lignée paternelle, le français n'était pas la langue maternelle de mes grands-parents. Du côté de mon père, c'était le breton. J'ignore si les premiers mots qui lui furent adressés par ses parents – et en particulier sa mère – furent des mots français ou bretons. Je me souviens que mon père comprenait le breton mais ne le parlait pas. Son enfance, au tout début du siècle dernier, s'est passée en ville. Je peux faire l'hypothèse qu'il a été bercé dans les deux langues, que ses parents parlaient sans doute breton entre eux et qu'ils s'adressaient à lui en français.

Ma mère est née dans ce qu'on appelait alors le Tonkin, pendant la première guerre mondiale. Mon grand-père maternel était breton, militaire en poste dans l'Indochine occupée. Fils d'instituteur il était parfaitement bilingue français-breton, sans doute avait-il entendu les deux langues dès sa naissance. Ma grand-mère maternelle était métis, fille d'un douanier français et d'une vietnamienne. Quand je l'ai connue à la fin des années

60, déjà âgée, elle parlait une sorte de « sabir », construit à partir des différentes langues des populations avec lesquelles elle avait commercé : le vietnamien, bien sûr, le français, le chinois et probablement d'autres langues indochinoises. Si, jusqu'à l'âge de 3 ans, ma mère a entendu son père lui parler en français, la langue maternelle qu'elle a entendue jusqu'à ses 6 ans, avant qu'elle n'entre dans un orphelinat français, était selon toute vraisemblance le vietnamien et cet étrange sabir. Ma mère parlait exclusivement le français et ne comprenait ni le vietnamien, ni le breton (hormis les quelques mots que toute personne vivant en Bretagne ne peut pas ignorer !).

Bien que le français fût une langue récente dans leur généalogie, mes parents le parlaient sans accent (breton ou brestois, qui, contrairement à ce qu'on pourrait croire, ont chacun leurs particularités) dans une syntaxe classique. Sans doute, utilisaient-ils sans en avoir conscience des « Bretonnismes », remis récemment au goût du jour par les ouvrages d'Hervé Lossec (2010), bretonnismes que même ma fille, qui est née et a grandi à Paris, a eu la surprise de retrouver dans son propre langage ! Leur langue était tout à fait « normée ». En revanche, ce qui leur faisait défaut, c'était la langue des affects, celle des émotions et des sentiments. Cette langue des affects qui ne se transmet pas ou peu, quand la langue utilisée par la mère pour parler à son enfant n'est pas sa langue maternelle. La gamme en était réduite, ce qui laissait souvent la place à la colère du côté de mon père et au silence du côté de ma mère. Et dans son impuissance à exprimer ce qu'il ressentait mon père nous imposait silence.

Dans un mémoire pour l'obtention du DUHIVIF (2005), j'ai déjà dit en quoi cette absence de parole, cette infirmité de la langue des affects, pouvaient paralyser tout le langage. Quand on est privé de parole, on balbutie, et retrouver la parole perdue est un travail et un chemin de longue haleine, et singulier pour chaque personne qui a à s'y confronter. Pour moi, il est aussi passé par la révolte sociale, le tissage à la main, l'engagement militant, et le choix professionnel de la formation d'adultes. Sans oublier les pratiques culturelles, dans lesquelles je place au premier chef la lecture et l'écriture qui ont longtemps été pour moi les substituts à la parole interdite. J'ai beaucoup écrit, dans ma vie personnelle, dans ma vie professionnelle, et dans ma vie militante jusqu'à ce que je fasse profession d'accompagner les personnes sur leur chemin d'écriture. Autant de manières de retrouver la langue perdue et de se réinstaurer comme sujet.

Mais qu'est-ce qu'un atelier d'écriture ?

C'est sans doute par là qu'il faut commencer. Sur le site d'Aleph-écriture (www.aleph-ecriture.com), on peut lire cette définition :

> C'est un lieu d'émotions fortes : on rit beaucoup dans un atelier, on pleure parfois, ou bien on s'énerve. C'est une rencontre, forte, durable, au cours de laquelle les gens échangent et partagent ce qu'ils ont de meilleur : leurs rêves, leurs désirs, leur histoire, leur relation à la lecture et à la littérature. C'est un lieu d'invention du sens, une façon d'interroger notre vivre ensemble, ce qui était déjà l'objet même de la littérature pour Aristote. Un lieu d'invention de soi aussi : de sa voix, de son matériau (c'est l'écriture qui le produit, on le découvre ou le redécouvre au fur et à mesure) et finalement d'un autre soi que celui de la vie de tous les jours, plus dense, plus ouvert et plus riche à la fois. Ça aide à faire danser la vie comme à y mettre plus d'écriture et de littérature.

Si l'on se tourne vers le dictionnaire (Dictionnaire culturel en langue française sous la direction d'Alain Rey), l'atelier est un « lieu de travail d'artisans, d'ouvriers », la « section d'une usine où des ouvriers travaillent à un même ouvrage » ; c'est aussi « le lieu où travaille un artiste » et le mot désigne encore « l'ensemble des élèves, des artistes qui travaillent sous la direction d'un maître ».

Si l'atelier est un lieu de fabrication : l'atelier de menuiserie, de couture, de tissage, etc. c'est donc aussi un lieu de création : l'atelier du peintre, du sculpteur, du graveur... Et l'atelier, c'est encore un lieu où l'on s'essaye à plusieurs, où un groupe de pairs, animés par un même désir, se réunissent pour travailler un même objet. Sous l'égide d'un « maître » – Michel-Ange, Rembrandt, Rodin, et tant d'autres – dans les ateliers d'antan ; accompagnés par un formateur ou un animateur dans les ateliers d'écriture aujourd'hui. Aussi loin que l'on remonte l'atelier est le lieu de l'apprentissage, de l'expérimentation et de la création. C'est donc tout à la fois un lieu de travail, de fabrication et de création. Le lieu où se conjuguent la technique et la créativité. Un lieu où l'on a à disposition les outils pour mener à bien sa création. Un lieu où on fait œuvre individuelle ou collective, où on échange, où on partage.

En quoi ce terme d'« atelier » me semble-t-il approprié à l'activité qu'on y mène ?

Si je reviens sur mon parcours, l'atelier d'écriture n'est pas le premier atelier de mon histoire. Le premier métier de mon père était menuisier-ébéniste. Avant d'être sage-femme, ma mère était professeur de couture et les travaux manuels ont toujours eu une place de choix à la maison. J'ai longtemps œuvré dans un atelier de tissage, et tous ceux qui écrivent savent ce que l'écriture doit au tissage : « le tissage est une métaphore extrêmement féconde pour les poètes, en ce qu'elle leur permet de rendre compte de leur activité propre d'écriture poétique et de la créativité, de l'habileté qu'elle nécessite : tisser, écrire, parler, c'est chaque fois produire un texte, un tissu » (Dictionnaire culturel en langue française, 2005).

Le tissage c'est aussi un langage, avec son alphabet, sa grammaire, ses conjugaisons et sa syntaxe. Il n'est qu'à regarder des livres « techniques » sur le tissage pour comprendre qu'apprendre à tisser, c'est apprendre une langue étrangère. Tisser, c'est vivre dans une autre langue, c'est apprivoiser d'autres codes, c'est décliner les nombreuses possibilités offertes par le métier ; le jeu conjugué des cadres et des lisses, des pédales, de la chaîne et de la trame permet à chaque fois de créer un autre « texte ». On peut, comme avec la langue, rester dans une langue conforme, figée, stéréotypée ; on peut aussi, comme avec la langue, la réinventer. C'est un apprentissage et c'est une pratique. Comme dans un atelier d'écriture.

Et dans un atelier d'écriture, l'écriture est considérée comme n'importe quelle pratique artistique. Elle a à voir avec l'histoire du sujet, son expérience sensible, et avec une pratique régulière et un certain nombre d'apprentissages techniques, ce qu'Alain André (un des fondateurs d'Aleph-écriture) nomme *le caractère double de tout geste créateur*. Et il ajoute :
> Celui-ci en effet met en jeu une dimension émotive et sensible, liée à l'expérience profonde du sujet, mais aussi une dimension technique, plus cérébrale (que l'on serait tenté, à tort, de considérer comme la plus importante). La spontanéité du sentiment doit en somme tenir compte de la rationalité de la forme à produire.

Ce qui l'amène à la distinction proposée par Didier Anzieu dans « Le corps de l'œuvre », entre « poïétique (le travail de la création à l'intérieur du sujet, comme on parle de travail du rêve ou du travail du deuil) et poétique (comme ensemble des procédés et techniques susceptibles d'être utilisées » (1994, p. 92).

De l'autre côté de l'Atlantique, Marité Villeneuve, auteure québécoise et animatrice d'atelier d'écriture et en histoires de vie, s'interroge :
> Qu'est-ce qu'on fait donc en atelier ? On puise dans le matériau qu'offre la vie, la sienne et celle dans laquelle on baigne à chaque instant, et on le ressort transformé. Métaphorisé. Avec une issue parfois fort différente de la réalité, invisible derrière les apparences. On approfondit sa vision, ses intuitions de la vie. On apprend à travailler la forme : récit, nouvelle, poème, essai. Et on travaille les mots. […] Ici, le matériau dont on dispose, ce n'est pas la peinture, ce n'est pas la terre ou le bois : ce sont les mots que l'on caresse, touche, sculpte pour en tirer de la chaleur et de l'émotion. (Villeneuve, 2007, p 49)

L'atelier d'écriture met donc en place les conditions qui permettent *la découverte personnelle de l'enjeu que représente pour soi l'écriture* personnelle ou professionnelle. Si nous postulons que c'est la peur qui entrave l'accès à l'écriture, postulat vérifié chaque jour auprès des participants aux ateliers, le dispositif d'atelier permet de repérer que « Écrire, c'est toujours écrire dans l'absence de savoir : inventer une réponse à une question qu'on ignore, et qui pourtant se trouve à la source même de l'acte d'écriture » (André, 1994).

De quelque côté que l'on se tourne, les animateurs d'atelier d'écriture qui ont pensé leur pratique, se rejoignent sur ces deux dimensions de l'atelier d'écriture : l'implication personnelle à partir de ses expériences et de son histoire, et le travail de la langue.

La question du cadre

> *« Il faut au peintre les limites d'une toile pour que l'illimité d'un paysage apparaisse, pour qu'une lampe ne soit pas seulement un objet, mais source de lumière ; il faut un plateau de théâtre pour qu'une scène soit aussi une autre scène ; l'art de la photographie repose pour une bonne part sur la qualité du cadrage. »*
>
> J.B. Pontalis

Dans ce texte intitulé « Cadrer », J.B. Pontalis interroge la notion de cadre de la cure analytique, le cadre comme « Condition nécessaire mais non suffisante : le cadre permet l'analyse, il ne la produit pas » (2002, p. 82). Il m'a semblé que je pouvais oser ce parallèle avec l'atelier d'écriture : le cadre mis en place dans l'atelier permet l'écriture mais ne la produit pas. Citant José Bleger, un psychanalyste argentin, « Il sert de soutien, de châssis mais nous ne pouvons le voir que lorsqu'il se modifie ou se rompt. Le toujours-là n'est pas perçu » J.B. Pontalis s'interroge « Que représente ce "toujours-là" non perçu ? Paradoxe ; pourquoi avons-nous besoin de cette permanence pour qu'en nous ça "bouge", ça change de place ? » (2002, p.83). De la même façon, pourquoi avons-nous besoin en atelier d'écriture de la permanence du cadre pour qu'en chacun des participants son rapport à l'écriture, son rapport à la langue bouge, évolue, change de place ?

Dans son article « Psychanalyse du cadre psychanalytique », José Bleger rappelle que la « situation psychanalytique » comprend des « phénomènes qui constituent un processus » et que ce processus a lieu à l'intérieur d'un « non-processus », qui est fait de « constantes », le cadre. Et il ajoute « il est impossible d'explorer un processus sans maintenir les mêmes constantes (c'est-à-dire le cadre). » Ainsi, dans le cadre de l'analyse, J. Bleger inclut-il « l'ensemble des facteurs affectant l'espace (ambiance) et le temps, et la part de la technique (y compris les problèmes afférents aux horaires, la ponctualité, le paiement, les interruptions, etc.) » mais aussi, « le contrat psychanalytique » qui, dans le cas de la psychanalyse « implique deux éléments formels d'échange mutuel : le temps et l'argent ». Ce qui lui fait dire « Le cadre, en fait, se réfère à une stratégie plutôt qu'à une technique ». (1979, p. 255) S'agissant de l'atelier d'écriture tel que je le pratique, le « cadre » a également toute son importance. Il s'agit aussi de l'espace et du temps de l'atelier, des modes de relation et de tout ce qui va permettre la production de textes (littéraires ou professionnels).

Mais ici le contrat est établi à la fois entre la structure Aleph et chacun des participants, entre la structure et l'animateur, entre l'animateur et chacun des participants, entre l'animateur et le groupe et aussi entre les participants. Nous ne sommes plus dans une relation duelle mais dans une relation multiple où les comportements interagissent les uns avec les autres. Le cadre a donc plusieurs facettes et il revient à l'animateur de tenir tous ces fils en même temps.

Alors, quel cadre pour l'atelier d'écriture ?

Le cadre de l'atelier, ce qui va permettre à chacun de vivre son chemin d'écriture dans un respect et une confiance mutuelle, car :

Ecrire, c'est aussi risquer. Risquer de perdre le contrôle et que les personnages ou l'action nous amènent en des lieux que nous n'avions pas prévus. Risquer que surgissent au tournant de la phrase des images inattendues, parfois dérangeantes. Risquer de montrer des parties de soi que l'on n'affiche pas souvent. Risquer le regard critique des autres. Risquer, voici l'enjeu de l'écriture, et le grand jeu aussi (Villeneuve, p 38)

est en partie défini par le règlement intérieur d'Aleph dont je reproduis ici les deux premiers articles.

Extraits du Règlement Intérieur d'Aleph-écriture

1. Règle de confidentialité

Les personnes participant aux formations proposées par Aleph-Écriture sont amenées à entendre ou à lire les textes écrits par les autres participants de leur groupe. Cette libre circulation des textes entre les participants des groupes est l'un des fondements de la méthode pédagogique. Elle est réservée aux membres du groupe : elle demande que chaque participant s'engage à ne pas faire usage des textes à l'extérieur du groupe sans l'accord express de leur auteur.

2. Règles de participation à la vie des groupes

Les formations proposées par Aleph-Écriture reposent sur deux principes :
- la participation active des stagiaires au travail proposé par le formateur ;
- la qualité des relations entre les différents stagiaires qui constituent les groupes.

Les relations entre stagiaires sont régulées par un cadre : écoute attentive et positive des autres et de leurs textes ; respect des personnes et de leurs productions ; participation active au travail proposé par le formateur ; respect de la règle de confidentialité.

Ce cadre exclut toute agression - physique ou verbale - contre autrui. Il exclut tout jugement négatif ou péremptoire sur les textes. Il exclut en outre tout comportement ou attitude ayant pour effet d'empêcher ou de gêner le déroulement de la formation (comme l'utilisation de téléphones portables ou les retards répétés).

Ce règlement intérieur est envoyé systématiquement à chaque stagiaire avec la convocation à l'atelier, que ce soit sa première participation à un atelier d'Aleph ou la dixième. Cela n'empêche pas chaque animateur, en début d'atelier d'en rappeler les principales règles : confidentialité, respect mutuel, accueil favorable des textes, collaboration entre participants, retours sur la forme et non pas sur le fond (on travaille sur le comment pas sur le pourquoi), etc.

Cependant, si certaines règles sont incontournables, il peut y avoir, comme pour le cadre de bois construit par le menuisier, du « jeu » dans le cadre car un cadre trop rigide risque de se briser. Il s'agit seulement d'être conscient de ce jeu car il n'est pas sans impact sur ce qui se passe dans l'atelier.

Je me souviens d'un groupe de participants d'un atelier régulier de première année. Un atelier du dimanche avec des hommes et des femmes à forte personnalité. Des affinités bien sûr, des solidarités, mais aussi des agacements ; des enjeux forts pour chacun, un vrai désir d'écrire, des projets divers. Ce jour-là, nous sommes à mi-chemin du parcours de l'année et cette séance est la première où les textes écrits précédemment en atelier, retravaillés chez eux à partir des retours qui leur ont été faits, tapés et photocopiés, seront lus. Et pour en rajouter encore sur la mise à distance de « l'objet littéraire » produit par chacun d'entre eux, j'ai prévu que les textes ne soient pas lus par leur auteur mais par une personne de leur choix. Ce que je n'ai pas pris en compte dans ce changement dans le dispositif, c'est que ce jour-là c'est le jour du printemps, un vrai jour de printemps lumineux et ensoleillé, et que ce jour-là précisément, nous devons changer de salle. De la salle carrée, claire, avec vue sur l'église Saint-Séverin, nous passons dans une salle toute en longueur, avec poutres apparentes, certes, mais avec vue sur cour et fort pauvre en lumière naturelle !

Dans notre salle habituelle, la disposition des tables permet une juste distance entre les uns et les autres. Des habitudes ont été prises. Il y a celles qui se placent toujours en face de moi, celles qui se mettent systématiquement à ma droite et à ma gauche, celle qui n'entend que d'une oreille et réclame la place qui lui assure la meilleure écoute, ceux qui essayent de faire bouger les lignes, ceux qui arrivent toujours en retard et se mettent donc aux places qui restent. Dans cette salle-ci, la disposition des tables brouille tous les repères. Certains participants se retrouvent face à face dans une dangereuse proximité ! En revanche, d'un bout à l'autre de la table la distance est beaucoup plus - trop - importante. Et en face de Saint-Séverin une deuxième salle nous permet de séparer l'espace de travail de l'espace convivial. Ici, thé, café et gâteaux sont sur la table de travail.

Je sens immédiatement, au fur et à mesure des arrivées, que ce changement dans le dispositif de l'atelier associé à un changement d'espace et un changement de saison, ne va pas aller de soi. Entre inquiétude et excitation, chacun s'installe autour de la table, et j'assiste à ce que je pourrais appeler « des comportements régressifs ». Ce « contenant » qui leur permettait d'être des sujets adultes écrivants leur fait défaut et les déstabilise. Et l'ambiance se met alors à ressembler plus à l'ambiance d'une classe de collège indisciplinée qu'à celle d'un groupe d'adultes en formation : ça s'exclame, ça s'interpelle, ça s'inquiète de son texte, ça projette sur la façon dont les lectures vont se faire. Chacun exacerbe le rôle qu'il ou elle a plus ou moins endossé depuis le début de l'atelier : l'âme de la cheftaine et de la bonne élève se réveillent pour énoncer comment il faudrait procéder, celui qui fait profession de philosophie réagit vivement à l'injonction et se fait rabrouer vertement, et celle qui a vocation de médiatrice vole à son secours « mais non, il n'a pas voulu être désagréable... ».

Pour couper court à d'autres escarmouches et ne pas laisser l'anxiété face à l'inconnu faire son œuvre, je propose de commencer – les retardataires sont arrivés – mais j'ai du mal à me faire entendre. J'ai conscience que ce que nous appelons dans notre jargon la socialisation des textes, dans les conditions qui sont les nôtres ce jour-là, va être délicate :
> Dans la phase de socialisation, il est important que celui qui prend la parole puisse se situer dans la salle à une

> place – variable selon les individus – qui est sa juste distance au groupe, entre l'espace trop exigu où l'on étouffe et celui trop vaste où on se perd. Sans ce confort minimum, l'attention diminue, la tension augmente, la fatigue s'accroît. (Lainé & Coulon, 2003, p. 47)

Je n'ai pas la possibilité de changer de lieu, de retrouver l'espace habituel de l'atelier, celui qui les a portés pendant plusieurs mois, celui qui a été le « cocon » dans lequel ils ont pu dérouler le fil de leur écriture, celui qui participait du climat de confiance, des conditions de leur prise de risques. Cet espace de l'atelier est devenu tout d'un coup pour eux un espace « insécure ».

Il me revient donc de prendre en compte ce surcroît d'inquiétude, de la nommer, d'en parler et de les faire parler, jusqu'à ce que je sente les esprits échauffés s'apaiser, le calme revenir, l'inquiétude s'estomper. Et le travail reprendre. A trop modifier le cadre, je m'étais sans doute confrontée ce jour-là, « à la partie la plus régressive » des participants, car, nous dit Bleger, « le cadre est une présence permanente, comme le sont les parents pour l'enfant », mais il ajoute « maintenir le cadre au-delà de sa fonction nécessaire, ou éviter le moindre changement de relation à l'égard du cadre ou à l'égard des parents, peut entraîner une paralysie du développement » (1979, p.275). Et pour avancer dans l'écriture il faut aussi accepter de se mettre en danger, accepter de prendre des risques, oser aller au-delà de ce dont on se croit capable. A l'animateur de trouver l'équilibre entre pas assez et trop de changement de cadre.

Quel dispositif ?

Si le cadre est un élément essentiel, il n'a de sens que dans son articulation avec le dispositif pédagogique de l'atelier.

La séance « de base » en atelier d'écriture se déroule de la façon suivante : la proposition d'écriture est introduite et sous-tendue par des textes littéraires, elle est souvent thématique et comporte toujours un enjeu formel (monologue intérieur, dialogue, point de vue, etc.). Concevoir une proposition, la présenter aux participants, c'est toujours chercher ce qui sera porteur pour les participants, ce qui maintiendra vivant leur désir d'écrire, au stade où ils en sont. C'est aussi introduire du suspense, de l'inattendu, des éléments qui vont faire surgir chez les participants l'impulsion de l'écriture pour un temps donné. Et vient alors le temps de « socialisation », de la lecture et du partage dans le groupe, des retours sur les textes.

Au fur et à mesure du déroulement de l'atelier, on introduit dans la séance de base des variations qui répondent à des enjeux pédagogiques et à la visée de l'atelier : écriture en plusieurs étapes, introduction de médiations (textes d'auteurs, photos, peintures, etc.), lectures « retardées », textes affichés, photocopiés, travail en sous-groupes, réécriture, etc. Ces variations dans le dispositif permettent aux participants de passer d'une écriture de premier jet à des textes travaillés mais aussi d'identifier leur processus d'écriture, les éléments dont ils ont besoin pour atteindre leur objectif de production de textes littéraires.

Un dispositif pour écrire son histoire de vie

C'est sur ce schéma que j'ai conçu le stage d'initiation (3 jours) et le cycle « Ecrire et transmettre son histoire de vie » (10 journées entre novembre et juillet) que je propose au sein d'Aleph-écriture. Pour participer au cycle, il faut impérativement avoir participé au stage d'initiation, et pour participer au stage d'initiation il faut au minimum avoir participé à un atelier « Oser écrire » (3 jours). Cela afin que tous les participants soient familiarisés avec le dispositif des ateliers d'écriture et puissent plonger sans une double inquiétude – celle du fonctionnement de l'atelier et celle du thème autobiographique – dans le travail proposé.

Le stage est donc la porte d'entrée dans la démarche. On y aborde la question de la transmission et des héritages, du ou des destinataires de son histoire, on commence à définir son projet, et on réalise sa ligne de vie qui accompagnera chaque participant pendant tout le cycle. Le stage, c'est l'assise du cycle. Une fois cette assise réalisée, on va pouvoir aborder dans le cycle plusieurs entrées thématiques, s'essayer à différents enjeux formels, définir sa question d'auteur et l'enjeu de son récit, chercher le fil rouge de l'histoire qu'on veut raconter, identifier les personnages principaux et les personnages secondaires, s'interroger sur la place du narrateur, privilégier, ou pas, certaines périodes de sa vie, accorder, ou pas, de l'importance aux lieux, choisir la structure adéquate – récit, fragments, nouvelles, poésie –, introduire des photos, des dessins, etc. Petit à petit l'écriture dessine un paysage et à la lumière de nouveaux textes écrits les couleurs et les ombres bougent, le projet initial se précise ou se transforme, la question d'auteur évolue, l'enjeu n'est plus tout à fait le même, jusqu'à ce que l'écriture les ait amenés au point de l'enquête où ils estiment avoir atteint leur but. Mais cela ne se fait pas sans travail, écriture, lecture, réécriture ; il faudra tâtonner, essayer, faire et défaire, réorganiser, réinterroger « l'objet » produit.

Et l'animateur ?

L'animateur – c'est ainsi qu'on l'appelle –, mais ce terme peut recouvrir des réalités différentes. A Aleph, que l'on se situe plutôt du côté des formateurs d'adultes ou plutôt du côté des écrivains, nous sommes tous passés par la formation à l'animation d'ateliers d'écriture et nous avons tous des pratiques d'écriture. Et sous l'appellation d'animateur ou de formateur, le rôle réel que nous jouons est un rôle d'accompagnement ou de « passeurs » d'écriture comme nous disons à Aleph : accompagner chacun dans son désir d'écriture, mettre en place les dispositifs nécessaires à l'atteinte par chacun de ses objectifs spécifiques en matière d'écriture. Et cela peut aller du simple plaisir d'écrire jusqu'à la publication, en passant par la capacité à écrire régulièrement, l'acquisition de méthodes, de techniques ou d'outils de travail, etc. A terme, la visée est que chacun des participants acquière une pratique autonome d'écriture. Etre à l'écoute de chacun des participants, de leurs enjeux d'écriture, soutenir leur désir d'écrire, entendre leurs difficultés, faire des propositions d'écritures qui leur permettent d'avancer, etc. : « Le terme d'accompagnement... connote l'altruisme, le respect, la bienveillance. On donne la priorité aux projets et aux capacités de l'autre, on ne le détermine pas de l'extérieur. ... On l'estime animé d'une force vivante. On l'estime susceptible de traverser les difficultés présentes » (Cifali & André, 2007, p.46). Cheminer avec l'autre, l'accompagner sur sa route, l'aider à passer les obstacles. Cette posture d'accompagnement, c'est le dispositif et le cadre qui permettent de l'assumer pleinement. Un dispositif et un cadre sur lesquels s'appuyer mais suffisamment souples pour que reste possible la présence à ce qui surgit toujours d'inattendu dans un groupe en formation.

Les retours

> « En histoire de vie, les retours se font sur le contenu du récit, en ateliers d'écriture, ils se font sur la forme, sur la langue, sur l'écriture. Cette distinction est majeure. »
>
> Alex Lainé et Marijo Coulon

En atelier d'écriture, le retour sur les textes des participants est certainement l'exercice le plus délicat pour l'animateur. C'est en général la question qui taraude tous les apprentis animateurs, c'est celle qui revient de façon obsédante dans les formations de formateurs, et qui jalonne toute la formation. Les personnes qui s'inscrivent dans un atelier d'écriture littéraire formulent une demande d'accompagnement à l'écriture. Les ateliers d'Aleph-écriture, comme ceux que j'anime en mon nom ne sont ni des ateliers à visée thérapeutique, ni des ateliers à visée de développement personnel. Leur visée est explicitement la capacité des participants à fabriquer des objets littéraires. Cependant, on ne peut pas ignorer que le participant peut faire corps avec son texte, d'autant plus quand il s'agit d'écriture autobiographique. Et la distance nécessaire entre l'auteur et son texte pour accueillir les retours ne se décrète pas. Les participants y accèdent progressivement (d'où le prérequis de participation antérieure à des ateliers avant de pouvoir s'inscrire à un cycle dont l'objectif est de produire des objets littéraires aboutis), et les démarches pédagogiques mises en place y contribuent : échanges en sous-groupe, détours par la bibliothèque, réécriture, etc.

Dans ce contexte, les retours « sur la forme, la langue, l'écriture » sont porteurs d'enjeux, et pour l'animateur, et pour les participants : « Nous faisons l'hypothèse que les retours sur la forme en atelier d'écriture sont aussi impliquants que les retours sur les contenus du récit en histoire de vie » (Lainé & Coulon, 2003, p.50). Faire des retours c'est aussi, comme l'écrit Catherine Malard (Psycho sociologue, romancière et animatrice d'ateliers d'écriture) dans un article interne à Aleph à destination des animateurs en formation, développer sa compétence de lecteur : « L'entraînement aux retours fait partie intégrante du développement de la compétence du lecteur et on oublie parfois de rappeler aux participants qu'il s'agit bel et bien là d'une de nos visées ». Développer sa compétence de lecteur pour être en capacité de lire ses propres textes avec un regard suffisamment distancié pour se dissocier de son texte. Compétence à écrire, compétence à lire, dans un atelier d'écriture les deux se travaillent ensemble.

Bien sûr, les retours sur un texte de « premier jet » ne seront pas de même nature que les retours sur des textes retravaillés. Incontournable pour une première lecture, ce qu'on appelle à Aleph « le salut au texte » : ce qui nous a touché, intéressé ; ce à quoi on a été sensible dans l'écriture, images, musique, etc. On pointe ce qui nous paraît être des « pépites » à développer, ce qui nous semble en attente dans le texte, on nomme une ou deux pistes à explorer. Et on peut quelquefois questionner certains passages, certaines tournures qui nous semblent obscures.

Avec des participants chevronnés, quand il s'agit pour eux d'aller plus loin dans l'écriture de ce texte-là, les retours seront plus précis, plus ciblés et demandent à l'animateur d'avoir une écoute affûtée. Dans l'article déjà cité, Catherine Malard en dresse un inventaire : est-ce que le lecteur est tenu du début à la fin du texte ou au contraire, a-t-il été lâché en route ? S'il y a des ruptures, des blancs dans le texte, est-ce que cela sert le texte ou au contraire lui nuit ? Y a-t-il un centre dans le texte, qu'en est-il de la chute ? A-t-on un sentiment d'unité ou au contraire d'éparpillement à la lecture du texte, et est-ce que cela sert le propos ? Quelle place est faite au lecteur, trop de place ou pas assez ? Qu'est-ce qui semble trop appuyé ou au contraire trop flou ? Est-ce qu'il y a un choix de forme qui pourrait être précisée ? Les procédés stylistiques servent-ils le texte, les métaphores mériteraient-elles d'être un peu plus filées, etc. ? Quels sont les auteurs dont la lecture pourrait aider l'auteur du texte ? Tout ceci pour que le participant puisse aller plus loin dans son écriture. Mais c'est bien sûr l'auteur du texte qui reste maître à bord. Libre à lui de prendre tout ou partie des retours qui lui ont été faits, de modifier ou réécrire son texte, ou de choisir de n'en rien faire.

Cependant, faire des retours reste un exercice délicat, et pour certains participants, la tentation de l'interprétation ou de la projection ou du questionnement sur le contenu est souvent présente, particulièrement dans les séquences ou les ateliers d'écriture autobiographique. Pour contourner cet écueil, il m'arrive de proposer que chacun nomme d'abord l'image que lui évoque le texte. Passer par l'image oblige chacun à rester du côté du ressenti, de la sensation, du rythme du texte, de sa musique. On évite ainsi de plonger dans la tentation de l'analyse du contenu et de l'interprétation. Petit à petit, les retours se font alors au plus près du texte.

Les effets de l'écriture en atelier

Dans ce qui suit, j'ai réuni un florilège de propos tenus par des participants et qui reflètent ce que l'on peut entendre couramment à l'issue d'ateliers d'écriture littéraire, soit des ateliers qu'on pourrait appeler « généralistes », soit des stages ou du cycle « Ecrire et transmettre son histoire de vie ». Mais qui peut dire, en les lisant, dans quel type d'atelier ils ont été proférés ?

> *Je me suis sentie encouragée, j'ai le sentiment d'avoir passé un cap. J'ai compris le bien-fondé du cadre et de la contrainte. J'ai touché du doigt qu'on ne sait pas toujours ce que l'on écrit !*
>
> *Je me sens remise en route vers une forme d'écriture communicable.*

Je me félicite d'avoir tenu du côté de l'écriture, contente d'avoir travaillé la question du style.

Ça a été un moment de partage exceptionnel. J'ai compris qu'en écriture tout était possible, qu'on peut faire feu de tout bois.

Ça m'a ouvert des pistes. Je pense avoir ouvert la possibilité d'une écriture plus longue.

Ça a été difficile et intéressant de rentrer dans les consignes, je me suis plus retrouvée dans mon style ; j'ai trouvé mon articulation et mon fil conducteur. J'ai besoin de faire pour voir. Je pars avec cette idée : émettre des hypothèses sans chercher à comprendre. Je repars avec la certitude qu'il y a beaucoup à écrire, beaucoup à travailler. Déblayer, choisir. Je dois m'axer sur un projet. Poursuivre dans l'écriture poétique qui me semble plus facile à transmettre. Je ne me sens plus empêchée d'écrire mais dans la nécessité. Accepter aussi de demander de l'aide. Je doute de moins en moins de mes capacités. Certaine de l'importance de l'écriture. C'est toujours difficile de « revoir » un texte. Mais je suis capable d'accepter les contraintes pour être satisfaite de mon travail. Je suis plus au clair avec mes capacités, mon projet. Les propositions agissent comme un guide.

Ce sont les propos tenus aux bilans des ateliers « Ecrire et transmettre son histoire de vie ».

Depuis que j'écris ici j'écris moins dans ma tête. J'ai accepté d'écrire ce que j'avais à écrire. J'ai trouvé un équilibre entre la vie personnelle et professionnelle. Ecrire lève plein de barrières, j'ai découvert la puissance de celui qui ose écrire. C'est comme une transformation, ça ouvre d'autres champs. Je suis beaucoup plus calme. Je ne suis plus la même, même dans la rue je ne marche plus de la même façon. Mon mode de relations a changé.

La pompe est amorcée, intégrer une pratique régulière d'écriture, cela reste laborieux mais c'est très satisfaisant.

Je suis confortée dans mon goût pour l'écriture. Ça m'a ouvert le champ des possibles, donné une nouvelle perspective professionnelle : associer l'écriture à mes pratiques d'accompagnement.

J'ai beaucoup aimé être lectrice des autres. Cela m'a donné des envies, des clefs, des lieux pour écrire. N'importe quel prétexte est bon. C'est une façon intéressante de sortir de soi.

C'est devenu vital. Un véritable ancrage. C'est déstabilisant de confronter son écriture aux autres mais d'une grande richesse. Maintenant j'ai des petits carnets partout.

Je me sens moins seule par rapport à mon envie et ma peur d'écrire.

Il y a un côté « magique » de voir qu'on peut produire un texte « à la demande ».

Je me suis sentie progresser. Ecrire ici m'aide énormément dans ma vie, ça me donne une assurance.

J'ai eu beaucoup de plaisir à écrire autre chose que ce que j'écris habituellement. J'écris de plus en plus facilement. L'énergie du groupe est porteuse.

Et ces propos-là ont été formulés à l'issue d'un atelier d'écriture régulier (sur une ou deux années).

Du côté de l'écriture on retrouve les bienfaits du cadre et de la contrainte et ceux du travail en groupe ; la prise de conscience de la nécessité de travailler, de se donner des temps d'écriture réguliers ; le plaisir d'écrire, de travailler la forme, d'être surpris par ses propres textes, par les possibilités offertes par l'écriture ; la réassurance quant à ses capacités à écrire et son désir d'écrire.

Du côté des effets « de surcroît », sont évoqués les effets sur le comportement, sur la vie professionnelle et sur la fonction « aidante » de l'écriture. Il est intéressant de noter que les effets « de surcroît » de l'écriture sont mentionnés essentiellement par les participants à un atelier littéraire généraliste et non autobiographique (ce qui ne veut d'ailleurs pas dire qu'ils n'existent pas également dans ce cas de figure). Mais atelier généraliste ou atelier autobiographique, ce que les participants mettent d'abord en avant, ce sont les effets sur l'écriture, sur le développement de la compétence à écrire, sur le désir d'écrire.

Pas question cependant de faire preuve d'angélisme ! Les changements produits par les dispositifs d'ateliers d'écriture sur la relation à l'écrit et le rapport au monde des participants ne sont pas forcément pérennes et équivalents pour tous. Ecrire implique un engagement, une motivation, que les aléas de la vie peuvent mettre à mal. Danielle Desmarais, dans son livre *L'alphabétisation en questions* (2003) écrit à la suite d'une recherche-action menée dans un organisme communautaire d'alphabétisation, compare le processus d'appropriation de l'écrit à une « spirale qui se déploie dans le temps et l'espace… à l'œuvre chaque fois qu'une personne se trouve en situation d'apprendre tout au long de sa vie » (p.133) et note qu'une des conditions majeures de cette appropriation est d'avoir un projet personnel.

Conclusion

    « On n'écrit pas avec des idées, on écrit avec des mots. »
                                      Stéphane Mallarmé

Mise en place d'un cadre, proposition d'un dispositif, accompagnement dans son projet d'écriture, travail de la langue, autant de conditions mises en œuvre dans l'atelier d'écriture qui permettent « la découverte personnelle de l'enjeu que représente pour soi l'écriture » (André, 1994, p.100). Parce qu'« Écrire, c'est toujours écrire dans l'absence de savoir : inventer une réponse à une question qu'on ignore, et qui pourtant se trouve à la source même de l'acte d'écriture » (André, 1994, p.96) l'atelier d'écriture modifie les représentations liées à l'écrit des participants, et leur permet de prendre conscience que, plus que la difficulté, c'est la peur qui entrave l'accès à l'écriture, qu'elle soit autobiographique, littéraire ou professionnelle. Oser écrire, c'est aussi prendre du pouvoir sur sa vie, s'émanciper d'un discours convenu pour affirmer une langue et un rapport au monde singuliers : « Ecrire c'est toujours jouer, déjouer la mort, la filiation, le roman familial, l'histoire » (Robin, 2003, p.11).

Références bibliographiques

André, A. (1994). Ecrire : le désir et la peur. *Ecrire et faire écrire, Les cahiers de Fontenay.* Fontenay-St-Cloud : ENS Editions.
Barreau, C. (2005, avril). Le texte pense. *Les Chaintres*, [numéro zéro]. Nantes : Editions des Chaintres.
Bleger, J. (1979). Psychanalyse du cadre psychanalytique. In R. Kaes, *Crise, Rupture et dépassement.* Paris : Dunod.
Cifali, M. & André, A. (2007). *Ecrire l'expérience, Vers la reconnaissance des pratiques professionnelles.* Paris : PUF.
Cléach, M. (2005). *Du projet collectif au projet personnel : émergence et construction du sujet-acteur, vers le sujet-auteur.* Mémoire pour le Diplôme Universitaire des Histoires de Vie en Formation non publié, Université de Nantes.
Desmarais, D. (2003). *L'alphabétisation en question.* Outremont : Les éditions Québécor.
Gantheret, F. (2010). *La nostalgie du présent, Psychanalyse et écriture.* Paris : Editions de l'Olivier, penser/rêver.
Lainé, A. & Coulon, M.-J., (Ed.). (2003) *Le sujet écrivant son histoire, Histoire de vie et écriture en atelier.* Cahiers de l'action n°18, Paris : INJEP.
Lossec, H. (2010). *Les bretonnismes.* Morlaix : Skol Vreizh.
Pontalis, J.-B. (2000). *Fenêtres.* Paris : Gallimard.

Rey, A. (Ed.). (2005). *Dictionnaire culturel en langue française.* Paris : Le Robert.
Robin, R. (2003). *Le deuil de l'origine, une langue en trop la langue en moins.* Paris : Editions Kimé.
Villeneuve, M. (2007). *Des pas sur la page, L'écriture comme chemin.* Québec : Editions Fides.

Troisième partie :

Accompagner
les écrits de formation et de recherche

Le portfolio, support de la construction de l'identité professionnelle

France Merhan

Introduction

J'ai conduit mes recherches sur les processus de « mise en intelligibilité » de l'activité professionnelle, en analysant en particulier un dispositif dans lequel sont produits des mémoires de fin d'études et des portfolios de développement professionnel[1] de niveau master en sciences de l'éducation, rédigés par des étudiants engagés dans une formation universitaire de formateur d'adultes, fondée sur le principe d'alternance (Merhan, 2009, 2011). La recherche à laquelle je réfère dans la présente contribution a été structurée en deux temps : d'abord une recherche-action, destinée à expérimenter un dispositif de formation orienté vers le développement de démarches réflexives au service du développement de l'identité et de la construction de compétences professionnelles des étudiants, puis une recherche universitaire consacrée à l'analyse des processus réflexifs et appropriatifs enclenchés, que je pourrais nommer des processus « de subjectivation des savoirs », pour reprendre une expression de Vanhulle (2009).

Je m'appuie ici sur une étude portant sur l'analyse de discours provenant d'un corpus de portfolios qui s'inscrivent de façon centrale dans le dispositif de professionnalisation en question et

---

[1] Le concept de « développement professionnel » couvre ici les transformations individuelles de compétences et de composantes identitaires mobilisées ou susceptibles d'être mobilisées dans les situations de travail ainsi que dans la situation de formation universitaire.

dont les orientations énoncées officiellement par l'institution se déclinent en quatre objectifs :
- développer la capacité d'analyser la complexité des actions de formation, situées dans leur contexte, dans une optique pluridisciplinaire ;
- développer la capacité de pensée et d'action critique, permettant l'élaboration d'une position propre, en cohérence avec les dimensions éthiques du métier de formateur d'adultes ;
- développer la capacité à concevoir, conduire et évaluer une intervention, en termes de politiques, de dispositifs et de pratiques de formation, sur la base de connaissances scientifiques et professionnelles, ainsi que la prise en compte des contextes ;
- développer la capacité de concevoir, conduire et évaluer un projet de recherche dans le domaine.

Dans ce contexte, le portfolio se présente comme une sorte de couronnement de la formation en alternance et s'inscrit dans une visée de formation professionnelle. Présenté aux étudiants comme une « démarche de reconnaissance personnelle et professionnelle de la construction de leur identité de formateur/trice d'adultes », le portfolio est souvent l'objet d'un fort investissement personnel et affectif. Il marque l'entrée dans le métier de formateur et peut, à ce titre, être considéré comme un outil d'intronisation où les étudiants utilisent l'écriture pour donner à comprendre le vécu de leur activité professionnelle dans un texte impliquant une re-présentation *post-hoc* de leur agir.

Les écrits professionnalisants à l'université

Le point de départ de ma recherche a d'abord été marqué par le constat des difficultés d'écrire rencontrées par les étudiants, leur inquiétude perceptible et leur désarroi récurrent pour restituer les actions et réflexions menées durant leur stage et les apprentissages qui en résultent pour eux dans les écrits universitaires. Mon interrogation a ensuite été marquée par le constat que les études relatives aux *pratiques effectives* d'écriture des étudiants en contexte de formation universitaire à visée professionnalisante sont peu nombreuses. Celles que j'ai pu découvrir privilégient le plus souvent les réflexions et les pistes didactiques permettant d'aider les étudiants à comprendre, lire ou produire des discours universitaires. Ces études sont précieuses en ce qu'elles proposent des diagnostics sur les difficultés éprouvées par les étudiants, les types de compétences à développer et les ressources didactiques à disposition ou à préconiser. Mais comme le constate Pollet (2009), peu de travaux s'intéressent à ce que les étudiants réalisent effectivement, à la manière dont ils se servent des informations obtenues dans leurs lectures, à la façon dont ils gèrent la polyphonie énonciative et dont ils articulent à un questionnement personnel le discours d'autrui.

La situation évolue cependant peu à peu, précisément dans le domaine des formations universitaires professionnalisantes, avec la parution d'une note de synthèse visant à interroger la recherche sur l'utilisation de l'écriture dans les dispositifs de formation professionnelle (Crinon & Guigue, 2006). A la lecture de cette revue des recherches mises en œuvre depuis une dizaine d'années, force est de constater que la construction des « genres d'écriture professionnalisante » se révèle complexe. Derrière une même étiquette (mémoire de recherche, mémoire professionnel, portfolio, journal de formation), ce sont en réalité des pratiques de formation extrêmement hétérogènes qui se logent, qui suscitent une grande variété d'interprétations, du côté des instituts de formation, des formateurs et des personnes en formation. Rien d'étonnant dès lors si les personnes en formation se déclarent souvent en difficulté pour écrire ce qui leur est demandé, observent les auteurs précités. Ceci malgré les nombreux ouvrages censés fournir des préconisations « aidantes »[2] aux étudiants pour rédiger mémoires professionnels et/ou mémoires et rapports de stage ou d'activité.

---

[2] C'est dans ce dédale de consignes et de conseils que les étudiants se débattent, cherchant parfois à se rassurer à travers des normes explicites, ou cherchant à élaborer un « produit idéal » conforme à l'image qu'ils se sont

L'écriture en contexte universitaire et le jugement de la communauté scientifique

En réponse à ces interrogations relatives à la rareté des recherches relatives aux *pratiques effectives* d'écriture des étudiants, à leurs difficultés face aux écrits universitaires, aux représentations qui guident leurs pratiques scripturales, on peut faire l'hypothèse qu'en contexte universitaire, l'écriture est prise comme un allant de soi, ne faisant pas partie à proprement parler de la construction des connaissances et de la pensée.

Pourtant, force est de constater que l'écriture est une question dérangeante et sensible, qui génère du stress et fait souffrir (Cifali & André, 2007). C'est ce qui se dit et ce qui s'éprouve, dans l'espace universitaire, tant du côté des étudiants que des apprentis-chercheurs et des chercheurs eux-mêmes pour qui l'écriture est au cœur du métier, le plus souvent en silence (Perrot & de la Soudière, 1994). Chacun projette dans l'écriture dite « scientifique » ce qu'elle doit être et veut s'y soumettre alors que ce genre est rarement enseigné (sauf la codification des références). Pourtant, ce genre souscrit à des normes particulières, comprend des interdits et des implicites (Charmillot, Cifali & Dayer, 2006) qui peuvent constituer des obstacles qu'il me paraît important de lever auprès des étudiants.

Objectivité et place du « je »

Une première souffrance – que j'ai pu repérer tant chez étudiants que chez mes collègues chercheurs et moi-même – provient de l'impératif d'objectivité avec le redoutable jugement de la communauté scientifique. C'est là que les procédures linguistiques, énonciatives et lexicales importent comme le soulignent Charmillot, Cifali et Dayer (2006). Un « nous » ou un « on », à la place du « je ». Les sujets du verbe, désincarnés. Les phrases, passives. Les citations, systématiques.

---

construite des genres « mémoire professionnel », « rapport de stage » au plus près des exigences évaluatives de l'activité d'écriture.

L'imaginaire, sacrifié. Fond et formes, contraints. L'évacuation du « je » est une ascèse. Elle prétend souvent être le signe de cette fameuse objectivité qui différencie la recherche scientifique de la littérature. Le découpage n'est-il pas trop simpliste ? Si l'impératif d'objectivité conduit bien souvent à l'effacement du chercheur ou de l'étudiant, voire à la perte de son identité derrière le « nous », je postule que partir de et travailler sa subjectivité – dire « je » – peut aboutir à une semblable objectivité : par la confrontation des subjectivités par exemple, par le fait de rendre visible au lecteur la posture personnelle du chercheur ou du praticien – son travail, ses doutes et ses craintes. Dans ce cas, l'option de s'exprimer en « je » n'est pas liée à une perspective biographique ou clinique qui désignerait comme dominante l'histoire personnelle ou l'identité du chercheur dans la construction de ses connaissances. En effet, si la compréhension de la réalité est bien liée à nos définitions de nous-mêmes, elle est transcendée, toutefois, par l'intersubjectivité et par les significations institutionnelles au fondement des pratiques sociales (Taylor, 1992). Comme l'ont souligné Berger et Luckmann (1986), les composantes des dispositifs de socialisation impliquent des médiations, un appareil de conversation et des « autruis significatifs » (cf. aussi Mead, 1963). Ainsi un travail de mémoire ou de portfolio est-il le fruit de rencontres multiples : socialisation au sein des contextes de travail et de l'université ; rencontres « théoriques » avec des auteurs qui nourrissent, enrichissent, mettent en question les réflexions menées ; échanges avec des enseignants ou d'autres étudiants et plus globalement avec toutes les personnes qui ont permis à l'étudiant de s'intégrer, de peu à peu comprendre la complexité sociale et culturelle propre au contexte privilégié. En dernier ressort néanmoins, je pense que le travail d'écriture du mémoire ou du portfolio est réservé à son auteur. C'est lui qui met en mot les échanges, c'est lui qui donne, par son style, une tonalité aux propos développés. C'est cette part de responsabilité singulière dans la mise en forme finale du travail que l'étudiant peut désirer exprimer par l'emploi du « je ». Le « je » veut alors assumer ce qui fait la singularité d'un regard construit à partir de rencontres théoriques et humaines faites au cours d'une recherche ou d'un point fait par rapport à la construction d'une professionnalité. Ceci grâce à une écriture investie, « gérée par un scripteur outillé pour prendre en charge sa progression dans une écriture dont il choisit la forme autant que le fond, dont il tire du plaisir autant que du pouvoir sur le monde et sur les choses » (Barré de Miniac, 1996). Les recherches actuelles menées en didactique de l'écriture soulignent notamment à quel point l'investissement d'une place de « sujet » favorise l'apprentissage de l'écriture, tout autant que l'apprentissage de l'objet sur lequel on écrit.

Genres d'écritures, genres de recherches

Que le lecteur ne se méprenne pas. Il ne s'agit pas de contester le genre scientifique. Il a fait ses preuves et correspond à certaines recherches. Mais ce genre ne convient sans doute pas à toutes les recherches. Ce qui n'y correspond pas, relève en particulier de la compréhension de situations complexes, singulières et vivantes, qui ont à saisir l'évènement, le temps et l'affectivité des pensées (Charmillot *et al.*, 2006). Donc ce qui relève aussi d'un travail de compréhension et d'interprétation des actions professionnelles par les professionnels. Dans cette perspective, on peut penser qu'une écriture de recherche et/ou professionnalisante qui intègre des procédés littéraires pour rendre compte des phénomènes qu'elle cherche à comprendre ne devrait pas être qualifiée de moins scientifique et il me semble que travailler l'écriture et non pas seulement l'utiliser, c'est faire de la science autrement et non pas faire autre chose que de la science.

Un passage du livre de Todorov (2007), *La littérature en péril,* a particulièrement retenu mon attention à cet égard :
> Plutôt que d'évincer les expériences vécues, la littérature me fait découvrir des mondes qui se placent en continuité avec elle et me permet de mieux les comprendre. […] Plus dense, plus éloquente que la vie quotidienne mais non radicalement différente, la littérature élargit notre univers, nous incite à imaginer d'autres manières de le concevoir et de l'organiser. […] Loin d'être un simple

agrément, une distraction réservée aux personnes éduquées, elle permet à chacun de mieux répondre à sa vocation d'être humain. (pp. 15-16)

Par ailleurs, dans cet ouvrage, Todorov accuse l'enseignement de promouvoir « une conception étriquée de la littérature, qui la coupe du monde dans lequel on vit » alors que « le lecteur, lui, cherche dans les œuvres de quoi donner sens à son existence ». On comprend ici qu'il s'agit d'en finir avec le « décodage rationalisant plus ou moins compliqué » (Picard, 1986) qui propose une lecture désincarnée de la littérature et l'exclusivité donnée à la conception autoréférentielle de celle-ci qui la prive de ses enjeux existentiels.

Pour ma part, dans l'accompagnement des étudiants dans l'écriture de mémoires ou de portfolios, j'incite à une écriture en « je » nécessaire, me semble-t-il pour construire une pensée sur l'expérience professionnelle. Cela ne va pas sans contradiction avec ma propre pratique d'écriture car je souscris de plus en plus difficilement dans mes propres travaux de recherche à ce que j'autorise moi-même comme formatrice ou enseignante. Je plaide pour un « je » de l'écriture alors que je peine à soutenir ma subjectivité dans les textes que j'écris actuellement en soutenant que la présence d'un auteur dans son texte n'a pas besoin du « je ». Une des spécificités, mais aussi des difficultés de l'écriture scientifique est précisément de rester présent comme auteur du texte, alors même qu'on fait référence à des personnes reconnues dans le domaine, et que l'on situe ses hypothèses et analyses par rapport à celles d'autres chercheurs. Mais l'explication vaut aussi peut-être comme façon de s'en tirer à bon compte comme le souligne Cifali (2006). Ainsi, même si je fais passer toute construction de savoir à travers la subjectivité de celui qui s'en fait le porteur, le norme du genre scientifique opère souvent dans mes textes sauf pour les écritures intermédiaires qui accompagnent mes recherches (« journal, notes, correspondance »). Pour les étudiants, il me semble que ce « surmoi scientifique » peut constituer un obstacle et que la retenue de leur écriture pourrait être liée au jugement du lecteur qui est en même temps évaluateur. C'est le cas des portfolios de développement professionnel, rédigés – rappelons-le – par les étudiants dans le cadre de la finalisation et de la validation de leur formation.

Le portfolio à l'université de Genève

Dans le dispositif que j'ai conçu avec mes collègues, l'écriture est considérée comme un outil d'apprentissage pour expliciter ou problématiser l'expérience des étudiants et pour les aider à transformer les savoirs multiples issus de leur formation en alternance en significations utiles pour penser leur agir professionnel. La pédagogie est de type interactionniste, et la perspective théorique d'orientation vygotskienne. Dans cette perspective socioconstructiviste, la réflexivité est une activité de la pensée – de la conscience selon les termes de Vygotski. C'est une manière d'apprendre, de s'approprier des savoirs, de penser son rapport aux objets de savoir et à son propre agir social. C'est un processus forcément subjectif orienté vers une objectivation de l'action. Dans ce dispositif, l'écriture de différents textes du portfolio est envisagée comme un moyen pour mener un travail réflexif qui combine tout à la fois la mise à distance de l'action, l'analyse autobiographique et la projection de soi dans un futur professionnel. Grâce à l'usage attentif des signes écrits et des ressources de la textualité, la pensée peut dépasser un niveau de réflexion élémentaire pour se faire plus distanciée et se mettre au service de l'objectivation des connaissances intuitives ou expérientielles. Ainsi, le travail sur les mots peut fonctionner comme « moyen de contrôle volontaire de l'attention, de l'analyse des particularités des objets, de synthèse et de symbolisation » (Vygotski, 1934/1997). Il permet de relire son histoire sociale et intellectuelle, d'élaborer de nouveaux concepts, de s'ouvrir à ses affects et de s'énoncer dans un discours singulier qui suppose de mettre de l'ordre dans ses pensées, de traduire ses émotions en mots tout en faisant une lecture des faits et une lecture de soi.

Ainsi que l'exprime une étudiante :

> *Devoir construire et rédiger un portfolio... cela demande de penser une structure, de faire le tri, de faire des choix à partir des consignes ou des pistes de réflexion avec la*

> *volonté, en même temps, d'être la plus vraie possible dans mon écriture, la plus proche de ma réalité tout en communiquant au mieux au lecteur mon vécu de stagiaire et mon passage vers l'identité de formatrice d'adultes.*

Ce travail d'écriture réflexive et d'élaboration de significations se déploie au sein de médiations structurées par des consignes bien définies, dont l'enchainement est planifié par les membres du collectif d'accompagnement individuel et collectif des étudiants en fonction des attentes, difficultés et résistances des participants. Comme on l'a vu plus haut, chacun garde la trace des produits dans le portfolio présenté comme une « démarche de reconnaissance personnelle et professionnelle de son identité de formateur/trice d'adultes ».

Les critères d'évaluation invitent à une objectivation de savoirs issus de la rencontre entre des expériences de terrain et le recours à la conceptualisation fondée sur des théories explicites. Ces critères portent sur l'organisation du document selon des principes de cohérence, de pertinence et de lisibilité, sur le degré de réflexivité relatif aux actions de stage restituées, sur la mobilisation de ressources théoriques pertinentes (i) pour présenter le contexte organisationnel particulier du stage et les possibilités de choix et d'action dans celui-ci ; (ii) pour problématiser les questions qui ont émergé au cours du stage.

Tout n'est donc pas permis, dans un tel dispositif, en termes de sémiotisation – ou d'élaboration de significations. Comme le soulignent Vanhulle, Mottier-Lopez et Deum (2007, p. 246) à propos de la rédaction de portfolios dans le cadre d'une licence universitaire préparant au métier d'enseignant, « il s'agit d'intérioriser le système de médiation proposé par l'université et la construction de sens à laquelle sont invités les étudiants s'appuie sur des contenus théoriques – des pistes descriptives, argumentatives, explicatives et prescriptives », délimités, dans notre cas, non seulement par le champ des sciences de l'éducation, mais aussi par les dimensions scientifiques et techniques propres au champ de la formation des adultes. D'un texte à l'autre du portfolio, se révèlent des progrès, des blocages, des transformations de soi et de son savoir. Les portfolios témoignent ainsi de parcours d'écriture réflexive particuliers. Ils constituent par là-même un corpus précieux, une source de données pour analyser l'impact de l'intervention formative dans le processus d'appropriation et d'interprétation subjective des savoirs collectivement élaborés (i) dans le cadre de séminaires collectifs dits d'intégration où les expériences de stage des étudiants sont partagées : vécues puis racontées et problématisées à la fois aux autres étudiants et à l'équipe d'accompagnement ; et (ii) dans le cadre d'entretiens individuels visant à favoriser l'intégration des étudiants dans le monde socioprofessionnel et à étayer la construction de leur identité de formateur d'adultes.

Savoirs et construction identitaire

Au-delà du type de partenariat qui peut exister entre les terrains professionnels et l'université, c'est cependant avant tout aux étudiants qu'il incombe d'effectuer le travail d'intégration entre les différents savoirs avec lesquels ils sont en contact. Ces savoirs sont à la fois des savoirs homologués, issus de la recherche et des organisations (ici, l'université et les organisations de formation) ; des savoirs disciplinaires transformés en savoirs enseignables et indexés aux savoir-faire qu'ils nécessitent ; des savoirs issus de spécialistes de la formation des adultes. Les étudiants sont en outre en position d'acteurs sur le terrain, ils sont ainsi en contact avec des savoirs expérientiels acquis dans les contingences et les régularités des situations de travail. Ces savoirs, parfois non formulables, relevant de l'insu et des compétences-en-actes, inscrits dans l'encyclopédie propre des acteurs, sont composés d'habitus, de sens commun, de connaissances variées et incorporées dans des modes de pensée et de faire. Ces savoirs de nature différente sont susceptibles de se transformer en significations utiles pour réélaborer l'expérience de formation des étudiants de l'alternance et leur image d'eux-mêmes dans leur agir.

Cette question de l'image de soi et de son évolution chez les étudiants conduit à préciser mon usage de la notion d'identité professionnelle. Celle-ci m'apparaît comme inséparable du travail par lequel l'étudiant, futur praticien, se forge par la description, la mise en récit, l'interprétation ou l'analyse de son agir, un sentiment de cohérence interne lui permettant de se saisir comme individu singulier, à l'aide d'éléments sociaux et historico-culturels (Merhan, 2013). Pour Dubar, le développement identitaire est le produit d'une double transaction, relationnelle et biographique : relationnelle, pour autrui, compromis entre les identités proposées et l'identité assumée, et biographique, compromis entre les identités héritées et l'identité visée. On ne peut faire l'impasse sur ces composantes subtiles de l'auto-définition de soi par un sujet, futur formateur d'adultes, aux prises avec toutes les interventions formatives qui s'efforcent d'infléchir ses façons de penser et de faire. L'enjeu est complexe : l'étudiant a une histoire antérieure à la période de formation. Un certain nombre de conduites langagières, de croyances ou de conceptions sont déjà présentes, sédimentées dans sa trajectoire sociale. Comment compose-t-il avec ses schèmes de pensée et d'action déjà installés ? Comment incorpore-t-il des discours extérieurs dans son univers mental ? Sur quels discours externes appuie-t-il ses propres transformations internes ? Etant donné les normes, les concepts et les informations que la formation lui propose, quelles croyances ou prescriptions utiles à son propre agir élabore-t-il alors qu'il est marqué par tout un substrat socialement élaboré de représentations du monde, de désirs, de projets ?

Ainsi que le formule une étudiante dans le « préambule » de son portfolio intitulé « L'après-stage et l'avant-portfolio » :

> *Comme me dit mon Jiminy Cricket, tu n'es plus une étudiante toute jeune, tu as une famille et des responsabilités. Ta réinsertion professionnelle doit se faire rapidement, il y a des échéances... Ce portfolio correspond donc à un enjeu d'insertion professionnelle qui va avoir des conséquences plus larges sur mon projet de vie, ma famille, ma place dans la société, la reconnaissance de ce que je réalise et donc de ce que je suis.*

Une autre étudiante écrit, dans le corps de son portfolio :

> *Lors du stage, il m'a fallu « adapter, ajuster » ma vision de moi dans l'organisation, faire face à l'image de moi que je percevais dans le regard des autres et à celle que je projetais autour de moi. Des réaménagements sont en cours... Tout en intégrant une forme identitaire nouvelle, je cherche le fil rouge, le passage, entre mon identité héritée, liée à mon parcours de vie, et mon identité visée qui s'est construite à partir d'un regard, de valeurs, de références nouvelles pour agir dans le monde.*

Des difficultés repérées aux formes d'accompagnement possibles

Comme nous l'avons vu, dans l'usage du portfolio, l'étudiant est partenaire d'une co-évaluation qui donne lieu à des dialogues avec l'équipe des formateurs universitaires et avec les pairs dans le cadre des séminaires collectifs d'accompagnement (interévaluations). Dans cette perspective, pour l'équipe de formation, l'accompagnement à la réflexivité consiste non seulement à garantir des cadres (des savoirs objectivables), mais aussi à se mettre à l'écoute des chemins langagiers à travers lesquels les différentes rationalités des étudiants s'élaborent.

La lecture des portfolios met ainsi en évidence que les formes textuelles des portfolios négociées, en principe, entre chaque étudiant et chaque référent universitaire sont d'une grande diversité. Les portfolios intègrent des éléments de récits biographiques, de récits d'apprentissage ou de formation, de chroniques, de récits ou d'analyses de pratique, des extraits de « journaux de bord » ou de « journaux de cours », de restitutions d'entretiens, de notes diverses ou de courriels. Le portfolio apparaît donc comme un genre discursif hybride : il s'agit parfois d'un écrit « professionnel » en ce qu'il porte sur une expérience professionnelle, mais il s'adresse à des personnes accompagnatrices-évaluatrices investies à la fois comme des formateurs d'adultes et des enseignants universitaires. À ce titre, cet écrit est aussi un texte académique intégrant des références conceptuelles disponibles dans les corpus de savoirs scientifiques. En outre, cette production textuelle apparaît comme fondamentalement dialogique (Bakhtine, 1984) en raison du croisement des voix et des perspectives incarnées par les multiples acteurs sociaux rencontrés par les étudiants, que ce soit sur le lieu de stage ou à l'université. Il est ainsi frappant de remarquer que pour réussir ce qui leur est demandé de faire, les étudiants doivent inventer des démarches d'écriture hétérogènes. Dans la situation inédite de l'écriture du portfolio qui s'inscrit dans une perspective de finalisation et de validation d'une formation où le futur professionnel écrit un texte spécifique, différent de ceux qu'il a eu l'habitude d'écrire jusqu'alors et différent aussi de ceux qu'il aura à écrire plus tard, le passage à l'écriture est difficile.

Une première lecture des portfolios met d'abord en relief que cette production discursive ne peut se réaliser sans garder des traces écrites sous la forme d'un journal de bord[3] qui constitue un outil permettant de consigner des éléments d'observation et de réflexions personnelles utiles pour permettre ensuite un retour réflexif. La forme écrite du journal de bord aide alors, en tant que « brouillon », au déroulement d'un langage relevant d'une activité complexe où il apparaît que les éléments de réflexion sont très importants dans le langage écrit ; les étudiants écrivent d'abord pour eux-mêmes, selon des règles d'écriture plus ou moins chaotiques, ce qu'ils vont écrire ensuite en linéaire et en successif dans le portfolio.

Une première lecture des portfolios en tant que « produits finis » permet également de comprendre que, pour la majorité des étudiants, la narration les amène nécessairement à mettre de l'ordre dans le flux de leur expérience et à opérer des choix difficiles qui peuvent être éloignés de la multiplicité des situations vécues dans le contexte de leur formation.

---

[3] Le journal de bord fonctionne ici, on le voit, comme un « écrit intermédiaire » qui apparaît comme un outil réflexif professionnalisant (Daunay & Morisse, 2009).

Il y a, en effet, plus dans l'action que tout ce que l'on peut en écrire. Une étudiante constate aussi que l'activité d'écriture suscite un éventail de possibles où il s'agit de sélectionner nécessairement l'information, selon des critères qui sont susceptibles de varier constamment :

> *Après la rédaction de mon portfolio, j'ai eu l'impression qu'en plus des non-dits et des non-faits du stage, j'ai eu à faire le deuil des non-faits et des non-dits du portfolio. Si je devais le réécrire, j'ai l'impression que je ferais tout différemment, est-ce un bilan trop « désillusionnant »? Je ne crois pas. Pour moi, c'est plutôt la preuve de mes apprentissages.*

Composer un portfolio à destination de l'université au moyen d'une écriture inscrivant les pensées d'une façon successive et ordonnée, par un processus de linéarisation, semble représenter pour certains étudiants une source et une ressource importante d'apprentissage et de développement professionnel. L'écriture est une compétence évolutive, dès lors qu'elle est mise au travail. Elle est contraignante, elle oblige à des choix de mots, de phrases, de styles... Ces choix relèvent d'un usage, pris en charge par chaque étudiant, des mots de la langue, mots dont le caractère social indélébile est sans doute au cœur même de la réflexivité que chacun développe.

Le portfolio, un tissage de deux types de discours

Deux types de discours (Bronckart, 1997) sont repérables dans les portfolios : l'un de type narratif, qui développe une scène où le sujet est mis à l'épreuve, rendant compte d'une activité mise en œuvre dans le cadre du stage, l'autre de type théorique, avec références conceptuelles, précisions métalinguistiques et propos à portée généralisante. Le portfolio en ce sens est un travail de contextualisation (rendre compte de ce qui a été observé, discuté, analysé, mis en œuvre au cours du stage, et qui appartient à la personne en ce cadre particulier) et de décontextualisation avec un effort de montée en généralité (déterminer ce qui, dans l'expérience singulière, dépend des processus généraux ou de dimensions formelles). Ainsi, ce portfolio rédigé à l'intention de l'université est un texte « académique ». Il intègre la mise en place de problématisations successives et porte sur des informations dont les dispositifs de recueil ont été mis en œuvre et stabilisés par l'étudiant lui-même. Il comporte ainsi de nettes prédominances de séquences argumentatives et explicatives à valeur didactique.

On peut constater que cette mise en représentation discursive de l'activité de stage permet aux sujets de s'engager dans des dynamiques et des stratégies s'élaborant à partir d'un certain nombre de représentations et de valeurs partagées par les membres de l'équipe d'accompagnement auxquels ces écrits sont destinés. Ces écrits adressés à l'université présupposent en effet que les étudiants adoptent un genre de texte approprié à la situation, ce qui leur confère une singularité propre où les processus langagiers apparaissent comme médiateurs à la fois des processus de socialisation et de développement des étudiants.

Dans ce dispositif d'écriture des portfolios, il est frappant d'observer que l'usage des savoirs théoriques comporte en réalité une dimension d'interprétation bien plus qu'une simple dimension d'assimilation de ces savoirs. Dans ce contexte, l'écriture, comme figuration de l'expérience, apparaît comme un outil de professionnalisation (i) lorsqu'elle permet aux étudiants d'intégrer les différents apprentissages réalisés à l'université et dans le monde du travail ; (ii) lorsqu'elle leur permet d'adopter une posture critique qui paraît indispensable pour que ces futurs formateurs puissent développer une pensée lucide par rapport aux enjeux paradoxaux du métier de formateur d'adultes dans la société actuelle. Métier qui se situe d'ailleurs précisément, comme le stage réalisé par ces étudiants, au croisement du monde de la formation et du monde du travail. La lecture des portfolios permet de penser que cette écriture peut constituer une expérience formatrice susceptible de favoriser les processus réflexifs. En même temps, il semble que cette production écrite est une épreuve à deux niveaux : premièrement dans le sens d'une mise à l'épreuve des capacités des étudiants à écrire l'expérience vécue, deuxièmement en ce qu'il leur est demandé d'aller jusqu'au bout de l'expérience du stage, dans une quête qui n'est pas sans rappeler certaines dimensions du roman de formation.

À partir de l'approche herméneutique inspirée de Ricœur, l'accès à l'action des étudiants, son intelligibilité est médiatisée, dans la mesure où deux niveaux d'action sont impliqués dans les portfolios. Tout d'abord l'action d'écrire : écrire son expérience de stage fait appel à une activité langagière qui se déploie sous la contrainte de genres de textes à la disposition des sujets : l'activité d'écrire dans le contexte universitaire conditionne, contraint l'objet de leur discours. Ensuite, à un second niveau, ce qui est rapporté, le référent d'une telle activité langagière, est à son tour de l'action. Ce que j'ai étudié au travers des portfolios produits est bien ce que, en vertu de la mimesis de Ricœur (1990), ces textes représentent. C'est donc de la représentation de l'action dont il s'agit dans les portfolios, et non pas de l'action en tant que telle. L'analyse des portfolios met ainsi en relief que ces textes, comme constructions discursives opérées par les étudiants, comportent comme tout acte de communication un enjeu de (re)présentation de soi donné à autrui, en l'occurrence l'équipe d'accompagnement universitaire, chargée de l'évaluation de ces textes. Cet enjeu implique que les pratiques des étudiants sont essentiellement des discours que les étudiants tiennent sur leurs activités, ce qui peut relativiser la portée du portfolio comme instrument permettant de développer de réelles compétences professionnelles.

À certains égards, cet écrit a pour enjeu de former l'étudiant à être un professionnel capable de rendre compte à autrui de son activité tout en énonçant le savoir qui est censé la fonder. Les actes de communication sur l'activité ont, comme on le sait, beaucoup d'importance dans la vie professionnelle, mais il importe aussi qu'ils contribuent à des transformations de significations et que, au-delà de présenter une image positive de soi, les portfolios permettent aux étudiants de s'engager dans des projets où ils puissent affirmer leur existence, leurs intérêts, leurs valeurs et leurs positions. Or, ce n'est pas toujours le cas.

J'ai pu observer que les phénomènes et risques de mise en conformité, par rapport aux attentes supposées de l'équipe d'accompagnement chargée de l'évaluation, sont susceptibles de constituer pour certains étudiants, des obstacles à une mise en mots de la formation telle qu'elle est réellement vécue. En revanche, lorsque les étudiants utilisent les ressources discursives du langage écrit pour raconter, argumenter, décrire, se positionner, sans complaisance narcissique et sans non plus chercher absolument à se conformer à une rhétorique académique parfois si facilement artificielle et désincarnée, il apparaît que l'écriture peut opérer comme un outil puissant de professionnalisation et de travail sur soi, ses conceptions, ses valeurs, ses savoirs, tout en permettant à la pensée de s'affirmer et de s'affiner. Le travail de réappropriation personnelle dans l'économie subjective de chaque étudiant a alors lieu à la fois au niveau cognitif (puisqu'il y a intégration des apprentissages dans son système de pensée) et au niveau existentiel au sens où il s'inscrit également dans un projet de vie personnel et professionnel.

Conclusion: l'accompagnement à l'écriture sur l'activité professionnelle

L'étude des portfolios fait ressortir que lorsque l'écriture incite le sujet à (se) réfléchir à partir de son action, elle constitue une opportunité importante de son processus de formation qui l'oblige à la fois à se distancier et à dire « je ». Nous ne prétendons pas, avec Vanhulle (2009), que l'écriture réflexive constitue *le* mode de subjectivation par excellence. Mais elle peut être explorée (i) dans la mesure où elle est de la pensée en train de se forger et de se transformer au fil de la mise en discours ; (ii) dans la mesure où elle consiste à mobiliser sans cesse le langage avec ses caractéristiques, ses mécanismes, ses codes et ses ressources. Depuis les travaux de Vygotski (1934/1997, 1927/1999), nous savons que la langue écrite, parce qu'elle diffère de l'oral et du langage intérieur (elle est toute en extension et en déploiement au lieu d'être condensée et fondée sur la prédication, comme l'est le langage intérieur), peut constituer un lieu de nouvelles fonctions psychiques, à condition toutefois d'être investie volontairement par le sujet, mais en réalité, celui-ci doit souvent commencer par désacraliser l'écriture et lui donner sa juste place d'outil pour qu'elle puisse devenir un support efficace du travail de la conscience. Dans cette perspective, côté accompagnement à l'écriture, il paraît nécessaire d'aider l'étudiant à dépasser les inhibitions associées aux normes des écritures académiques en suggérant, par exemple, de recueillir les traces du quotidien du stage dans un journal de bord. Il s'agit ainsi de stimuler l'écriture en lien avec des enjeux réels : si les activités liées au contexte de l'alternance mettent les sujets en tension, « leur prolongement dans la solitude scripturale doit incorporer une sorte d'urgence. Il faut d'abord qu'ils puissent écrire à partir de ce qu'ils ont vécu, aimé, détesté, mal compris, découvert, remis en cause, etc. » (Vanhulle, 2009), ceci dans des textes engagés utilisant la subjectivité comme outil de travail. Dans notre étude des portfolios des étudiants, il a été remarquable de constater que les étudiants qui investissent le plus l'écriture à partir de leurs émotions, sont ceux qui vont le plus loin dans le processus de subjectivation (c'est parce que l'on ressent que l'on peut (se) transformer) et le renouvellement des significations. Ainsi que le dit Clot (2009, p. 76), en s'appuyant sur Spinoza, « le développement du pouvoir d'agir n'est possible que grâce à un autre développement, celui du pouvoir d'être affecté, c'est-à-dire grâce à la reconquête d'une palette subjective de possibilités souvent insoupçonnées, plasticité qui permet de voir autrement ce qui est réalisable dans le milieu professionnel ».

A partir de ce développement, on perçoit que le rôle du dispositif d'accompagnement universitaire à l'écriture est essentiellement de favoriser le développement des compétences langagières et cognitives des étudiants, afin qu'ils soient en mesure de construire et de s'approprier un ensemble de significations susceptibles de les amener à redéfinir constamment leurs rapports à autrui et à eux-mêmes dans des situations – de formation ou de travail – génératrices de mises sous tensions permanentes qu'il est important de prendre en compte dans la perspective d'une véritable écriture réflexive. Ceci implique que les enseignants et accompagnants universitaires (dont je suis) soient capables d'analyser les situations de travail, en s'appuyant notamment sur la notion d'activité. Il n'y a en effet pas de construction identitaire professionnelle sans activité, c'est-à-dire par rapport à la tâche prescrite, sans mobilisation d'un sujet confronté à la réalité du travail. Cette réalité va bien au-delà de ce qui est visible : le travail réel, c'est aussi le travail pensé, empêché, possible, etc. du sujet, ainsi que le montre la clinique de l'activité mise en œuvre par Clot (1995).

Dès lors, un des rôles essentiels de l'accompagnement à l'écriture est de donner toute leur importance aux situations de travail tout en accordant une place importante à la dimension collective de l'apprentissage permettant la confrontation des points de vue entre les différents acteurs de l'alternance, tout en fournissant des outils métathéoriques et méthodologiques appropriés pour mener à bien cette confrontation. La réflexivité consiste alors à interroger les activités, les savoirs et les discours spécifiques auxquels se forment les futurs praticiens. Selon cette orientation, l'écriture du portfolio permet ainsi, *in fine*, la formulation d'un point de vue propre et la pensée personnelle de l'apprenant par le biais de la coopération comme moteur de construction des savoirs et de l'identité professionnelle.

Dans cette perspective, il apparaît crucial qu'un dispositif de formation professionnalisant soit en mesure d'offrir un accompagnement à l'écriture réflexive fondée sur une approche plus clinique, plus intersubjective que celles qui privilégient l'enseignement disciplinaire et l'évaluation certificative. Il s'agit alors, entre autres, que le dispositif accorde une place importante à une évaluation fondée à la fois sur des critères bien définis en fonction de chaque situation singulière et sur un dialogue formatif dans lequel la prise en compte de l'expérience professionnelle du sujet joue un rôle essentiel. Cet accompagnement qui correspond à une approche clinique prend en compte la situation, le réel de l'activité professionnelle, les relations entre personnes étudiantes et enseignantes, entre savoirs professionnels et savoirs académiques.

L'accompagnement s'intéresse alors à des « cas » et autorise les personnes à se risquer dans une pensée impliquée. Dès lors, cet accompagnement ne se positionne pas seulement dans un rôle de transmission de savoirs, mais plutôt comme une instance de médiation du processus d'apprentissage, prenant en compte les nombreuses interactions sociales dans lesquelles celui-ci s'inscrit. Finalement, il s'agit de penser et de mettre en œuvre un modèle de formation susceptible d'inciter les étudiants à combiner un parcours de vie et une logique de trajectoire sociale avec une logique d'apprentissage, au-delà d'une finalité adaptative. La visée formative s'inscrit ici dans une intentionnalité privilégiant des fins d'émancipation et de construction d'une identité sociale et professionnelle où les dimensions biographiques jouent un rôle essentiel, tant dans la mise en œuvre des processus formatifs que dans l'analyse qui peut en être proposée.

Références bibliographiques

Becker, H. S. (1986/2004). *Écrire les sciences sociales. Commencer et terminer son article, sa thèse ou son livre.* Paris : Economica.
Berger, P & Luckmann, T. (1986). *La construction sociale de la réalité.* Paris : Méridiens Klincksieck.
Bronckart, J.-P. (1997). *Activité langagière, textes et discours: pour un interactionnisme socio-discursif.* Paris : Delachaux & Niestlé.
Barré de Miniac, C. (1996). *Vers une didactique de l'écriture. Pour une approche pluridisciplinaire.* Bruxelles : De Boeck Université.
Charmillot, M., Cifali, M. & Dayer, C. (2006). *L'écriture de la recherche mise en questions* (Cahiers de la Section des sciences de l'éducation N° 110). Genève : Université de Genève.
Cifali, M. & André, A. (2007). *Écrire l'expérience. Vers la reconnaissance des pratiques professionnelles.* Paris : PUF.

Clot, Y. (1995). *Le travail sans l'homme ? Pour une psychologie des milieux de travail et de vie*. Paris : La Découverte/Poche.

Clot, Y. (2009). La recherche fondamentale de terrain: une troisième voie. *Éducation permanente, 177*, 67-77.

Crinon, J. & Guigue, M. (2006). Ecriture et professionnalisation, *Revue française de pédagogie,* (156), 117-169.

Daunay, B. & Morisse, M. (2009). Les écrits professionnels des enseignants : entre prescrit et réel, entre individuel et collectif. In F. Cros, L. Lafortune & M. Morisse (Ed.). *Les écritures en situations professionnelles* (pp. 41-71). Québec : Presses de l'Université du Québec.

Mead, G. H. (1963). *L'esprit, le soi et la société*. Paris : PUF. (Original publié 1934).

Merhan, F. (2009). Le portfolio de développement professionnel à l'université: enjeux et significations. In F. Cros, L. Lafortune & M. Morisse (Ed.). *Les écritures en situations professionnelles* (pp. 205-229). Québec : Presses de l'Université du Québec.

Merhan, F. (2011). Alternance et réflexivité. In M. Morisse, L. Lafortune & F. Cros (Ed.). *Se professionnaliser par l'écriture. Quels accompagnements ?* (pp. 37-57). Québec : Presses de l'Université du Québec.

Merhan, F. (2013). Place du biographique dans l'écriture sur l'activité professionnelle. In C. Niewiadomski & C. Delory-Momberger (Ed.), *Territoires contemporains de la recherche biographique* (pp. 71-85). Paris : Téraèdre.

Picard, M. (1986). *La lecture comme jeu*. Paris : Éditions de Minuit.

Perrot, M. & de la Soudière, M. (1994). L'écriture des sciences de l'homme : enjeux. *Communications, 58,* 5-21.

Pollet, M.-C. (2009). L'écriture professionnelle d'enseignants confirmés dans un contexte de formation continue obligée. In F. Cros, L. Lafortune & M. Morisse (Ed.), *Les écritures en situations professionnelles* (pp. 155-171). Québec : Presses de l'Université du Québec.

Ricœur, P. (1990). *Soi-même comme un autre*. Paris : Seuil.

Taylor, C. (1992). *The Ethics of Authenticity*. Cambridge : Harvard University Press.

Todorov, T. (2007). *La littérature en péril*. Paris : Flammarion.

Vanhulle, S. (2009). *Des savoirs en jeu au savoir en « je » : cheminements réflexifs et subjectivation des savoirs des jeunes enseignants en formation.* Berne et Neuchâtel : Peter Lang.

Vanhulle, S., Mottier-Lopez, L.& Deum M. (2007). La co-construction de soi et de ses savoirs professionnels comme effet de l'alternance : quels indicateurs ? In F. Merhan, C. Ronveaux & S. Vanhulle (Ed.), *Alternances en formation* (pp. 203-223). Bruxelles : De Boeck.

Vygotski, L.-S. (1927/1999). *La signification historique de la crise en psychologie,* trad. C. Barras & J. Barberies. Paris : Delachaux & Niestlé.

Vygotski, L.-S. (1934/1997). *Pensée et langage,* trad. F. Sève, 3e éd. Paris : La Dispute.

Une approche biographique de l'identité enseignante

Emmanuelle Florent

Voyage au cœur de sa pratique professionnelle entre écriture et oralité

> « La vie n'est pas ce que l'on a vécu,
> mais ce dont on se souvient
> et comment chacun s'en souvient ».
> Gabriel Garcia Marquez

Les quelques lignes qui vont suivre sont le fruit d'une recherche en Sciences de l'Education portant sur l'identité enseignante à travers une approche biographique par l'écriture de récits de vie.

Je suis enseignante en Belgique depuis 19 ans. Ma vie et ma place d'enseignante dans une société en mutation ainsi que ma pratique me questionnaient, ce qui m'a menée vers une démarche réflexive sur mon identité professionnelle dans ce qu'elle a de singulier mais aussi de collectif, en lien avec les autres enseignants. Du « Qui suis-je aujourd'hui en tant qu'enseignante ? », je suis passée à une interrogation plus générale : « Que signifie être enseignant au 21e siècle ? ». « Quelle identité professionnelle pour un enseignant en cours de carrière ? Comment faire face à ces « routines incertaines » (Barrère, 2002) pour reprendre l'expression d'Anne Barrère, enseignante et chercheuse en Sciences de l'Education. Et « Vais-je mourir au tableau noir une craie à la main ? » pour reprendre la formule d'Huberman (1989) ?

Afin d'explorer les réponses ou du moins les hypothèses de réponse à ce questionnement, j'ai entrepris en 2008 un Master en Sciences de l'Education en e-learning – c'est-à-dire à distance – à l'Université de Lille. Cette démarche intellectuelle m'a permis de poser de nouvelles balises sur le métier d'enseignant, ce qui est venu alimenter un appétit insatiable de recherche et de savoir. Une approche plus précise et complexe du champ de l'éducation, de l'enseignement, de la didactique, de la pédagogie m'a permis d'ouvrir de nouvelles pistes de réflexion mais aussi de pratique de mon métier. Mon mémoire de recherche de fin de Master a porté sur l'identité enseignante à travers une approche biographique et un dispositif méthodologique mêlant écriture et oralité autour de la pratique professionnelle. La question de la pertinence du sujet vu mon implication s'est assez vite posée. Peut-on entamer une recherche scientifique valable si le chercheur est directement impliqué dans l'objet même de sa recherche ? La réponse est sans doute dans la prise de conscience de cette implication afin d'éviter, autant que possible, les projections ou identifications.

Récit de vie professionnel et construction d'une identité : alternance d'entretiens oraux et de phases d'écriture

Ma recherche s'est fondée sur les récits de vie professionnelle de 7 enseignants dans l'enseignement secondaire en Communauté française de Belgique (élèves de 12 à 18 ans) à partir d'une part de rencontres et entretiens oraux et d'autre part de productions et d'échanges par écrit. L'objectif de la démarche méthodologique était, à travers oralité et écriture, de disposer de deux matériaux complémentaires qui pourraient apporter chacun leur dynamique spécifique dans l'approche de l'identité professionnelle.

Dans un premier temps, j'ai rencontré personnellement chacun de 7 enseignants durant une heure environ, après les avoir contactés par téléphone et leur avoir envoyé un courriel expliquant brièvement ma démarche. Cette entrée orale de visu a permis de décrire concrètement le dispositif, les modalités d'anonymisation des textes écrits et de donner une brève explication sur ma recherche. A l'issue de ce premier entretien, l'enseignant décidait s'il acceptait de participer à la démarche proposée. Les enseignants savaient que je suis moi-même enseignante dans l'enseignement secondaire et que mon travail portait sur l'identité enseignante. Cette première entrée par l'oralité, à travers un dialogue mais aussi par un contact visuel fut, je pense, un départ obligé pour une suite favorable. Les enseignants ont tous accepté de participer. Suite à ce contact convivial et rassurant, un deuxième volet a pu être mis en place : celui de l'écriture proprement dite. Chacun des 7 enseignants rencontrés a accepté d'écrire trois textes étalés sur 6 semaines selon un calendrier établi au départ.

Durant ce deuxième temps, celui de la phase d'écriture, chaque demande de texte envoyée par courriel à chaque participant était accompagnée d'un « déclencheur », courte phrase suscitant des idées, des souvenirs, des sentiments sur le métier de l'enseignant et qui aidait à l'écriture du texte. Le déclencheur pouvait être réutilisé dans le texte mais pas forcément.

- Le déclencheur 1 *Voilà comment cela a commencé* a invité les participants à revenir sur le passé, sur les prémisses du métier. Chacun a relaté son entrée dans le métier selon des choix délibérés ou non. D'une vocation forte, difficile à faire accepter par la famille pour les uns à une acceptation des études de professeur par dépit pour les autres en passant par *le hasard de la vie qui fait bien les choses.*
- Le déclencheur 2 *Une fois entré(e) en classe…* a suscité des écrits autour des relations pédagogiques entre le prof et l'élève. Chacun a relaté un souvenir précis, une situation vécue avec un élève.
- Le déclencheur 3 *On me l'avait dit mais j'ai dû l'expérimenter pour y croire* nous laisse entrevoir des événements passés, expérimentés puis commentés, le tout à travers une sorte de filtre temporel amenant à ce qu'ils vivent au présent. Ce dernier déclencheur a surtout laissé entrevoir des épisodes vécus négativement au niveau professionnel. Comme si ce temps d'écriture était un lieu où pouvaient se décharger

les événements et les émotions liés aux souffrances du métier.

Une fois le déclencheur envoyé, chaque participant dispose d'une semaine pour écrire et envoyer son texte. Chacun a le choix de deux modalités différentes : soit un envoi par courriel à mon adresse - ce qui est une démarche plus individuelle puisqu'elle se situe entre l'enseignant et moi-même - ou de déposer son texte via un blog créé pour l'occasion - ce qui est un moyen plus collectif puisqu'il permet à tous les participants de visualiser immédiatement les textes déposés afin de susciter une interaction plus immédiate, plus spontanée via les commentaires en direct. Le blog a cet avantage de permettre une vue d'ensemble sur les textes et sur les réactions de chacun au fur et à mesure. L'adresse qui n'est pas référencée sur les moteurs de recherche n'est accessible que pour ceux qui disposent des références complètes. Je reste « modérateur » du blog tout au long de la production des textes, les commentaires postés n'étant visibles par les participants qu'à partir du moment où je les valide. Ce qui évite toute dérive, garantissant le respect de chaque personne. Tous les commentaires sont publiés dans la journée de leur réception. Je dépose également les textes qui me sont envoyés par courriel sur le blog pour que tous aient accès aux écrits des autres.

Après une semaine de relecture des textes et de rédaction des commentaires, un autre déclencheur est envoyé selon les mêmes modalités. Au final, après les trois déclencheurs proposés, 19 textes sont envoyés et 5 commentaires postés. Le volet d'écriture se déroule sur 6 semaines. Ce volet terminé, un troisième temps s'annonce. Je rencontre chaque enseignant afin d'avoir un entretien oral avec lui à propos des textes envoyés et reçus, afin de voir comment il ou elle a vécu l'écriture des textes et pour poser quelques questions sur le métier d'enseignant à la lumière de ce qui est écrit.

A l'issue de ces trois temps alternant rencontres orales et écriture, je peux constater que les entretiens ont porté davantage sur la description de tâches, sur du « faire », des tâches qui leur sont assignées, sur ce qu'ils aimeraient faire, tandis que l'écriture se révèle plus propice aux questionnements existentiels sur « l'être », sur leur identité, sur leur rôle d'enseignant, sur une dimension plus ontologique. Comme si l'écrit permet de se poser, de réfléchir, de faire émerger des questions que l'on ne se pose pas dans le quotidien du métier parce que le temps manque, parce qu'on ne favorise pas ce genre de questionnements au sein de l'institution, ni même en formation. Tout se passe comme si l'expérientiel s'exprimait plutôt à travers l'oralité tandis que l'existentiel se nichait plutôt dans l'écriture. Ainsi il semble que le registre de ce qui se « dit » et celui de ce qui « s'écrit » ne se recouvrent pas ou seulement partiellement. Les deux ont cependant propulsé les enseignants participants dans une dynamique, dans un processus de construction de leur identité.

Une écriture suscitée à distance ... une distance qui rapproche

Parler de son métier à travers *une écriture suscitée à distance* permet donc d'aller au-delà de son métier, de sa fonction. L'écriture ramène à la vie tout court, aux choix plus intimes, à des questionnements plus personnels. Pour certains, des émotions surgissent, des émotions ramenant au soi-personnel (Blanchard-Laville, 2001) et pas seulement au métier, au soi-professionnel (Blanchard-Laville, 2001). Lorsque j'ai rencontré Pia (nom d'emprunt) après l'écriture de ces textes, voici ce qu'elle m'a dit sur ce retour à l'écriture :

> *P : Moi, je dois dire j'ai eu un peu de mal parce que ça a évoqué chez moi pas mal d'émotions et j'avais du mal de les mettre par écrit, à faire ressortir, à dire ce que je voulais vraiment dire, quoi !*
> *I. : C'est dû au fait d'écrire ?*
> *P : Je ne sais pas, c'est peut-être ça. De la timidité ... enfin fausse timidité parce que... je sais pas.*
> *I : Le fait de réfléchir sur soi, sur son métier ?*
> *P : De réfléchir sur soi, je crois, plus que sur son métier.*

> *Et puis pour le moment à l'école c'est un peu tendu, alors, je crois que tout ensemble ... je me remettais en question.*

Le fait que les enseignants écrivent et ensuite envoient leur texte par courriel après une semaine leur permet de prendre un temps de recul, de se poser, de réfléchir à leur métier et à la manière dont ils l'appréhendent. Ici, se pose la question de la distance temporelle et spatiale. Le fait de demander des textes écrits via internet (courriel et blog) renvoie à ma propre expérience, vécue durant mon cursus universitaire. Au cours de ce Master en e-learning, j'ai découvert en effet que l'ordinateur était devenu rapidement un compagnon important, un outil par lequel passait la connaissance. Chaque cours m'était envoyé par internet sur une plateforme de travail. C'est sur cette même plateforme que je pouvais créer des interactions avec d'autres étudiants et avec les enseignants. Des échanges riches s'en sont suivis. D'outil, l'ordinateur est devenu au fil des semaines une véritable présence amie. Depuis ces études, j'ai construit un autre rapport à l'outil informatique que je qualifie aujourd'hui « d'appendice de moi-même ». J'ai pris cette habitude d'y consigner mes réflexions sur ma pratique professionnelle, mes questionnements plus intimes. J'écris beaucoup, jamais à la main, toujours à travers le clavier.

Si le contact à distance ne remplace pas le contact humain de visu, il le prolonge et le diversifie. J'ai ainsi fixé de nombreux rendez-vous par internet avec des étudiants que je n'avais jamais vus (mais avec lesquels j'ai d'abord échangé des références de livres, des cours, des réflexions) pour aller déjeuner après un examen écrit à Lille. Je me suis aperçue qu'au final cette distance introduite par l'e-learning me rapprochait à la fois des interlocuteurs potentiels et du contenu à maitriser. Un autre rapport à la distance s'est installé. La distance devient un confort. Elle permet de suivre un cours sans se déplacer, d'accéder à la réflexion en interaction avec d'autres étudiants ou enseignants en restant chez soi, de fixer des rendez-vous tard le soir avec des étudiants pour entamer une deuxième journée de travail. En ce sens, la distance rapproche et crée des liens. Aujourd'hui encore, je garde le contact avec deux étudiants de Lille. Un lien particulier et privilégié s'est noué.

C'est pour avoir connu cette expérience que j'ai choisi de la proposer aux enseignants qui ont participé à ma recherche. Il m'a semblé toutefois important de rencontrer chaque enseignant, d'échanger sur le métier et de créer un climat de convivialité et de confiance lors d'un entretien en face à face avant de proposer l'écriture à distance. Sans cela, l'écriture à distance n'aurait sans doute pas fonctionné de la même manière. Cette écriture à distance, de par le fait qu'il s'agissait d'un envoi par courriel, a pu prendre le temps d'émerger. Les enseignants disent avoir pu « se poser » et « se » réfléchir. La proposition d'une semaine de délai pour l'envoi des textes s'inscrivait également dans cette temporalité longue, très différente de l'échange instantané que propose par exemple Facebook. Le temps prend plus d'épaisseur, l'écriture se veut plus réflexive, intériorisée, peut-être moins spontanée mais en recherche d'une vérité intérieure et d'une justesse dans son expression.

Une édification à plusieurs mains

Cette phase d'écriture en solitaire, à partir du déclencheur, est vécue de manière active chez les participants parce qu'ils savent que leurs textes seront lus ensuite par d'autres enseignants qui vont réagir, poser des questions, émettre un avis. Une interaction se met en place : lors de l'envoi de son texte, le participant en fait « don » aux autres tandis que lui-même reçoit en échange les textes des autres. Ce volet voit son accomplissement dans ce double mouvement « écriture-lecture » qui permet à la fois une décentration de soi pour *comprendre* la place de l'autre et une prise de conscience que ce que l'autre vit n'est pas toujours étranger à son propre vécu. Lire les réalités des autres renvoie à ses propres réalités, difficultés, satisfactions. *« Cela permet de construire une capacité réflexive toute particulière et rare : comprendre le travail de l'autre pour comprendre son propre travail »*

(Remoussenard, 2006, p. 173). Le rôle du collectif est en quelque sorte le prolongement et l'aboutissement de la démarche de mise en mots solitaire du vécu de chacun dans un premier temps. Le participant grâce à la « pierre » qu'il apporte et qu'il pose à côté de celle des autres voit se construire un sens. Une réflexion sur son métier émerge, une réflexivité prend peu à peu place. Ce qu'il fait, ce qu'il vit devient source formative : écrire, mettre en mots son activité favorise une prise de distance, s'accompagne d'une réflexion et permet ainsi l'émergence de sens et de réajustements dans son métier.

Si on considère que la posture réflexive commence avec l'écriture, elle prend une coloration plus vive dans le « travail de groupe ». Même si les participants du groupe ne se voient pas, ne se connaissent pas, ils partagent un même métier, des expériences similaires, ce qui permet, parfois de manière ténue, d'édifier un soi professionnel, de le conforter, de le réajuster. L'action devient alors *polyphonique* (Remoussenard, 2006, p. 170).L'écriture sur sa pratique donne cette occasion de clarifier la pensée initiale, de faire émerger une écriture du quotidien avec un changement de regard sur le banal, l'anodin. Elle incite à une nouvelle intelligibilité à partir de l'expérience vécue, le détour sur le passé étant ce qui favorise de produire des effets formateurs pour construire des actions futures.

Ainsi, Mairy nous livre son étonnement à partir des textes des autres. Elle prend conscience qu'elle n'est pas seule à vivre certaines difficultés au début de sa carrière et qu'un espace de parole pour les enseignants est important :

> *Mairy : Moi, j'ai été étonnée par rapport à certains textes. [...] Je me dis que même par rapport aux difficultés, il faut vraiment qu'il existe un espace de paroles et le genre de paroles que j'ai lues dans les textes, ça montre que ce n'est pas nécessairement facile au début même quand on a de l'expérience, on peut tomber sur des expériences vraiment frappantes et qui sont négatives on va dire, et donc c'est important d'en parler et de pouvoir rebondir.*

La mise en mots de l'activité

L'écriture de la pratique professionnelle « autorise à » parler de soi, de son parcours et ainsi de faire un retour sur un curriculum que la personne va réécrire à la lumière de son présent. Cet arrêt sur image a permis à certains participants du dispositif de prendre conscience de leur manière d'appréhender le métier. Le discours sur l'activité est ainsi un discours très personnel qui parle de soi et évoque l'activité que la personne exerce d'une manière explicite, c'est-à-dire qui concerne sa personne à travers son propre langage. Les personnes parlent en je et s'impliquent réellement, se confient, se dévoilent et nous offrent une parole « incarnée » (Vermersch cité par Remoussenard, 2005). L'écriture permet ainsi d'exprimer ce qui est latent et qui prend de la consistance, de l'épaisseur parce que cette pensée est verbalisée par l'écriture :

> *Pia : J'ai eu suffisamment d'épreuves dans ma vie pour voir que ... je prends un exemple. Quand mon mari est mort. Il est mort au mois d'août, son enterrement était le 14 août, eh bien tous mes élèves étaient là. Et ça ça m'a touché, on ne peut pas dire que c'était pour avoir un jour de congé. Les élèves, quand ils vont à un enterrement, c'est par respect.*
>
> *Grimmy : Je suis vraiment épanoui parce que je donne des cours que j'aime, une matière que j'adore, je partage mon expérience professionnelle et puis le contact avec les ados, ça me garde jeune dans l'esprit et même physiquement, c'est vraiment du bonheur.*

Allers et retours entre parole et écriture : tissage et métissage

Cette alternance entre l'écriture et l'oralité s'avère naturelle si l'on considère que l'écriture sur l'activité provient d'un « métissage » ; l'oralité introduit la confiance nécessaire entre les personnes et permet la production personnelle et le partage de l'écriture qui, à son tour, va nourrir l'oralité. En effet, l'entretien oral qui suit le volet d'écriture prend sens dans la mesure où il se nourrit des textes écrits par la personne mais aussi des lectures des textes des autres participants ainsi que des commentaires écrits ou restés en *stand by* dans la tête avant d'être verbalisés plutôt qu'écrits explicitement, ce qui constitue un moment fort pour certains. Ainsi les paroles de Lilou, lors de l'entretien qui a suivi la phase d'échange sur les écrits, montrent à quel point les textes peuvent questionner, mettre mal à l'aise et renvoyer aux réalités propres de celui ou celle qui les lit :

> *L : J'étais très contente, de dire et découvrir les autres textes aussi. J'avais un sentiment, plutôt un peu de frustration : Que dire ? Parce qu'en fait au plus profond de moi, sur le coup en ayant lu un témoignage, j'étais touchée [...] Je ne me sentais pas investie de pouvoir dire à l'autre ce que je ressentais parce que parfois je trouve, en fait même très souvent ... on a tous écrit avec beaucoup de feu. L'enseignant est animé d'une grande flamme intérieure et donc d'un grand désir de bien faire. Je me souviens de témoignages que j'ai lus et je me suis dit ... je n'aurais jamais fait ça parce que je réagissais avec ma propre flamme mais je ne connais pas le contexte et je n'aurais pas trouvé les mots pour dire ce que je ressentais mais aussi pour respecter la personne qui l'avait écrit. Je me suis trouvée devant une grande difficulté de pouvoir redire quelque chose à la personne, de la personne, de ce qu'elle avait écrit. Là c'est quelque chose qui m'a souvent gênée.*

Les textes écrits ne laissent en tout cas pas indifférents. Et si peu de commentaires ont été écrits par rapport aux textes des autres, le langage oral a permis de les mettre davantage en évidence. Chacun s'est approprié des bribes d'écritures (et le pluriel du mot écriture est volontairement choisi) qui n'étaient pas les siennes au départ. Chacun a interprété à sa manière en fonction de son vécu, de son expérience propre des propos sur un métier qu'ils partagent. Il en résulte une certaine identité commune, une « sub-culture » (Cattonar, 2001). Mais chacun a aussi écrit en sachant que ce texte serait lu par d'autres, attendant *une rétroaction* à ce qu'il vient d'écrire. Et comme l'évoque de Villers (cité par Burrick, 2009), la reconnaissance de l'autre est une forme de représentation du soi, ce qui le fait réellement exister. Les commentaires postés jouent ce rôle puisqu'ils permettent à l'auteur du texte d'avoir une sorte de feed-back sur la réalité qu'il a exprimée. Mais le fait de lire les textes qui ne sont pas les siens, même sans laisser de commentaires écrits, provoque des effets dans le sens où ils peuvent remuer, remettre en question. L'entretien qui suit l'écriture des textes permet dès lors de revenir sur sa propre écriture, de compléter son avis, son idée, son raisonnement à la lumière des autres textes d'une part mais aussi à la lumière de la réflexion qui s'est déroulée entre le moment de l'écrit et la rencontre. Ainsi, le dispositif d'écriture suscitée à distance suivie d'un échange verbal permet « une coproduction textuelle, tissage et métissage, enchevêtrement entre accompagnant et accompagné, oral et écrit, parole singulière et parole émanant du collectif » (Remoussenard, 2009, p. 88).

Kaléidoscope textuel : des types de textes diversifiés dans le genre narratif

Si toutes les formes d'écritures relèvent du genre narratif dans le sens où chacun y conte les événements vécus, les réalités présentes, le quotidien, les tâches récurrentes, mais aussi y confie ses difficultés, ses joies, ses satisfactions... cette narration se teinte toutefois de mille et une nuances, sous des tonalités et formes différentes, allant du descriptif au poétique, formant un kaléidoscope toujours personnalisé. Rien ne se livre sans traitement, aucune écriture sans « point de vue », sans résonances internes, sans style personnel. Les textes envoyés sont ainsi variés. Certains s'expriment dans un discours empreint de spontanéité, proche de l'oralité. D'autres recourent à des figures de style, métaphores et comparaisons. Par exemple, Pia évoque ses relations avec ses élèves *telles des vitraux faisant passer la lumière en la colorant de ce que chacun est*. Elle précise qu'elle n'est ni dans une *arène*, ni dans un *univers de voyage*, ni dans un *désert*. D'autres encore choisissent des termes plus poétiques, comme Valé qui développe son texte, un peu à la manière d'une déclamation enfantine, celle-là même que l'on apprend à l'école :

Entrer en classe en voyant les élèves relire avant une interro, c'est amusant,
Entrer en classe avec 20 élèves qui pleurent leur camarade disparue accidentellement, c'est insupportable,
Entrer en classe et être félicitée de l'heureux évènement que vous attendez, c'est émouvant ...

Effets du dispositif d'écriture sur le système d'élaboration des compétences

L'écriture incite le sujet à réfléchir sur ses propres pratiques : le sujet devient un sujet réflexif. Le langage, la parole, les mots dits, écrits ne sont pas uniquement un moyen de communication. Ils sont une incitation à penser et mettre à distance ce que l'on fait. Ce dispositif d'écriture sur l'activité amène à une exploration de ses propres freins et limites et permet d'accéder dans un cadre épistémo-méthodologique au travail réel. *Le « je » devient un autre.* Ce que le sujet écrit (l'objet) lui permet de prendre la distance nécessaire pour développer une activité réflexive sur cet objet mais aussi sur lui-même en tant que sujet. L'écriture permet « cette prise de distance, par la médiation du texte place alors le sujet dans une double position sujet/objet » (Morisse, 2006, p. 220). Il s'agit d'apprendre des choses sur soi qu'on ne savait pas avant de les avoir écrites. Les activités orales accompagnant l'écriture vont favoriser cette activité réflexive. Que l'oral précède l'écrit ou qu'il soit l'occasion de revenir sur la production écrite, c'est ce tandem oral/écrit qui s'accompagne de l'écoute et de la lecture qui importe.

Chacun a son histoire, sa façon de la lire, de la réécrire, de la vivre, de l'accepter, de la réinventer au fil des ans, au fil de l'histoire qui continue, à travers les sentiments et émotions qui le transportent. L'écriture professionnelle ne fait pas fi de cette histoire très personnelle. La vie professionnelle est alors « incarnée » dans la vie personnelle, inscrite dans le « soi » profond. Parfois le destin, la destinée, le hasard ... s'en mêlent, le cours de la vie suit le cours des événements fortuits qui se passent ; parfois, les choses sont voulues, attendues, désirées inconsciemment ou non. Les témoignages recueillis, sont les histoires de vie singulières des enseignants. Ces histoires sont des « récits de vie reconstitués » grâce aux bribes de confidences recueillies. Ils montrent à quel point, que ce soit à travers l'écriture ou le récit oralisé, le choix professionnel d'abord, les actes professionnels ensuite sont le fruit d'une histoire très personnelle, unique et lue à travers le regard de celui qui l'a vécue et qui la raconte. Nous sommes des individus « produits d'une histoire dont nous cherchons à devenir les sujets », pour reprendre Vincent de Gaulejac.

L'exemple de Lilou montre cette intrication entre vie privée et vie publique, vie personnelle et vie professionnelle. C'est une personne enjouée, qui a le contact facile. Elle a tout de suite répondu favorablement à ma demande de participation au dispositif. Agée d'une quarantaine d'années, Lilou a deux filles. Son histoire est traversée par la résistance à son père s'opposant à sa vocation d'enseignante et ensuite par une grande épreuve, le suicide de son mari, qui remet celle-ci en question. A chaque fois, une personne extérieure viendra cependant la renforcer ou du moins l'accompagner dans sa décision. Voici ce qu'elle écrit de son désir d'être enseignante : *Dès l'enfance, je faisais des rêves dans lesquels avec des superpouvoirs, je secourais les enfants qui vivaient des difficultés telles que je ne pouvais rester indifférente à leur triste sort* ... Elle précise *avoir le contact facile* et être *attentive aux autres et observer beaucoup.*
Son père avait des projets pour elle, il voulait qu'elle entreprenne des études de médecine.

> *Mon père, il me voyait gynécologue, dermatologue, pédiatre. Lui il a voulu faire médecin et c'était un projet, on devait tous aller à l'université, nos deux frères et moi. Moi, plus encore que mes frères, ça ne me disait rien... Mais j'ai dû croitre sous le regard d'un papa qui veut absolument quelque chose de moi. Et c'est vrai que moi, j'ai dû me battre pour qu'il entende que c'était pas ça quoi. J'avais le droit. Le droit existait ... Il voulait que je secoure les corps ... mais moi, ce sont les âmes que je rencontre à travers les cours que je donne.*

Lilou aime son métier, en parle et le décrit avec beaucoup de qualificatifs positifs : *j'avance joyeuse dans ce métier, c'est toujours un moment agréable ... , ce bouillonnement en moi ..., c'était un merveilleux cadeau d'être diplômée ... , un don actif ... , une joie communicative...* Son métier, pour elle, *c'est une vocation*, un désir très grand pour lequel elle a dû se battre afin de convaincre son père de la laisser choisir cette profession. Elle pense qu'*il n'y a pas de hasard* : cette vocation du métier, c'est une idée qu'elle a toujours accueillie. Elle croit qu'on ne vient pas au monde par hasard et donc il y a bien une vocation. *Je me sens appelée à me donner pour quelque chose et là, les choses sont vite devenues claires.* Son père finira par accepter son choix en partie grâce à une amie de la famille, institutrice qui a demandé à Lilou de l'accompagner en classe de péniche pour s'occuper des enfants alors qu'elle était en 5ᵉ secondaire et qu'elle avait 17 ans. Son père *a dû se plier car là il n'était plus face à une ado mais face à des adultes.* C'est ainsi qu'elle est devenue enseignante. Mais le doute s'est insinué lorsque survient le suicide de son mari :

> *Quand mon mari est décédé, j'ai eu un choc tellement grand que je me suis dit : « Est-ce que je suis faite pour l'enseignement ? » J'étais devant un échec ... quelqu'un qui se suicide, qui dit non à la vie, c'est, ce sera peut être le plus grand échec dans ma vie, c'est de ne pas avoir vu venir, ni compris ni sauvé. En même temps, voilà, humblement ...*

Cet événement vient remettre en cause son choix et son statut d'enseignante : Etait-elle faite pour ce métier ? Un métier qu'elle avait pourtant tellement désiré ?

> *Je me dis il faudrait que je change. Et là je ferais bien plein de métiers, et pourtant, il y a une personne qui m'accompagne, un prêtre, depuis que mon mari est décédé. Et il me dit : « Lilou, ta place elle est à l'école » et c'est vraiment par docilité que je reste là. Mon dernier combat, c'était avec mes élèves qui étaient en échec. Je ne sais pas les sauver, je voudrais, mais je n'y arrive pas. Et il m'a répondu : « Mais ce n'est pas ton propos de sauver. Ton rôle c'est d'enseigner, de donner des pistes*

pour s'éveiller à la vie mais le reste, c'est pas ton propos.

Entre satisfactions et tensions

Ma recherche a permis de mettre en évidence la multiplicité et la complexité des facettes de la personne enseignante qui navigue entre satisfactions et tensions. Les enseignants que j'ai pu entendre, lire, comprendre sont des gens très attachés à leur métier, dotés d'une identité professionnelle forte dans la mesure où chacun affirme être à sa place et aimer sa profession. Parmi les 7 enseignants dont j'ai recueilli le récit, aucun ne souhaitait véritablement changer d'activité.

Par contre, chacun a relaté des tensions plus ou moins fortes parmi lesquelles le manque de reconnaissance de la part de la direction de leur établissement et qu'ils vivent parfois difficilement, le manque de reconnaissance des parents, de la société (généralement pas de leurs élèves chez lesquels ils puisent au contraire leurs satisfactions), mais aussi la difficulté de supporter l'image identitaire assignée par la société (nombreux congés, horaires légers…). Enfin, ils font état d'une « usure » ou routine qui s'installe parfois après des années de travail répétitif au niveau du savoir à enseigner. L'écart entre l'identité assignée par la société et l'identité réellement engagée se traduit par des tensions que les enseignants doivent palier par des stratégies afin de trouver un équilibre, un épanouissement professionnel. Les stratégies sont difficilement perceptibles dans la mesure où ces dernières n'ont pas vraiment été verbalisées.

Il est apparu aussi que *écrire, dire et partager* sa pratique tant sur le plan professionnel qu'existentiel n'est pas du tout favorisé actuellement dans le circuit institutionnel, les espaces de parole étant rares. Des journées pédagogiques où l'enseignant peut se questionner sur sa pratique ne sont pas vraiment proposées. On demande rarement aux enseignants ce qu'ils vivent au quotidien, quel regard ils posent sur leur pratique, quelle véritable didactique ils mettent en place et

quelle remise en question de celle-ci ils proposent ... Bref, la réflexivité au sein de la formation continuée est quasi absente. Les travaux de Udave sur ces dimensions cognitives mais aussi affectives lors des formations continues des enseignants sont assez intéressants et parlants (Udave cité par Mucchielli 2009).
Je ne peux terminer sans évoquer combien cette recherche m'a permis de vivre intensément le don et le contre don que ce soit sous forme de paroles ou de textes écrits. A travers ces rencontres et courriels, les enseignants m'ont donné de leur temps, mais aussi la possibilité d'entendre une partie de leur histoire et de leur ressenti face au métier.

En retour, je pense leur avoir offert une forme de reconnaissance de leur identité professionnelle mais aussi de leur existence à travers le métier qu'ils exercent. Une enseignante m'a dit qu'elle était fière d'avoir été choisie. Elle s'est sentie importante face à son métier. *On ne nous demande jamais ce que l'on vit et comment on vit notre métier et là, c'est génial, je vais pouvoir m'exprimer* me confiait-elle. Elle écrivait ses textes et en ressentait un certain plaisir, gratifiée par le fait de *s'autoriser à écrire à quelqu'un qui allait lire et s'intéresser à son vécu professionnel*. Et j'insiste vraiment sur cet infinitif qui résume à lui seul l'esprit dans lequel les enseignants travaillent. C'est rare qu'ils *s'autorisent à* écrire leur métier et tout ce qui l'entoure. Une autre enseignante que j'ai revue quelques mois après ma recherche m'a confié que depuis qu'elle avait écrit les textes et lu ceux des autres, elle était plus attentive à ce qu'elle faisait en classe, à ses propres réactions avec ses élèves. *Quelque chose a changé, c'est bizarre* m'a-t-elle dit. C'est cette idée que l'identité professionnelle se construit aussi en formation, à travers de tels échanges qui me paraît essentielle à l'issue de cette expérience et ce travail.

Il y a là matière à creuser... Enseigner, c'est aussi se poser à certains moments et avoir ce regard plus critique sur ce que l'on fait. Enseigner, c'est prendre conscience de l'enseignant qu'on est ou pense être pour continuer, ajuster ou réajuster, partager sa pratique, son vécu, son expérience.

Références bibliographiques

Barrère, A. (2002). *Les enseignants au travail, les routines incertaines.* Paris : L'Harmattan.

Blanchard-Laville, C. (2001). *Les enseignants entre plaisir et souffrance : Vers une écologie clinique du lien didactique.* Paris : PUF.

Burrick, D. (2009). Une épistémologie du récit de vie. *Recherches qualitatives et temporalités N° 8.* Collection hors série « Les actes », actes du colloque de l'Association pour la recherche qualitative, Congrès de l'ACFAS. Ottawa.

Cattonar, B. (2001). Les cahiers de recherche du GIRSEF. *Les identités professionnelles enseignantes. Ebauche d'un cadre d'analyse.* GIRSEF.

Beckers, J. (2007). *Compétences et identités professionnelles : l'enseignement et autres métiers de l'interaction humaine.* Bruxelles : De Boeck.

Gaulejac de, V., Legrand M. (Ed.). (2008). *Intervenir par le récit de vie. Entre histoire collective et histoire individuelle.* Ramonville-Saint-Agne : Eres.

Huberman, M. (1989). *La vie des enseignants. Évolution et bilan d'une profession*, Neuchâtel et Paris : Delachaux et Niestlé.

Marcel, J.-F., Orly, P., Rothier-Bautzer, E. & Sonntag M. (2002). Note de synthèse. *Revue française de pédagogie, 138-1,* 135-170.

Morisse, M. (2006). L'écriture réflexive est-elle formative ? In F. Cros (Ed*.). Ecriture sur sa pratique pour développer des compétences professionnelles : enjeux et conditions* (pp. 217-227). Paris : L'Harmattan.

Mucchielli, A. (2009). *L'identité.* Que sais-je ? Paris : PUF.

De Villers, G. & Joassaert, C. (2006). Comment les recherches narratives peuvent-elles rendre compte des dynamiques de construction de projet ? In L. Paquay, M. Crahay & J.-M. De Ketele (Ed.), *L'analyse qualitative en éducation. Des pratiques de recherche aux critères de qualité.* Bruxelles : De Boeck.

Remoussenard, P. (2005). Les théories de l'activité entre travail et formation. *Savoirs, 8*, 9-50.

Remoussenard, P. (2006). Les conditions de déclenchement d'une écriture sur l'activité en formation professionnelle et ses effets sur les participants. In F. Cros (Ed.), *Ecriture sur sa pratique pour développer des compétences professionnelles : enjeux et conditions* (pp. 73-79). Paris : L'Harmattan.

Remoussenard, P. (2009). Caractéristiques et fonctions de l'écriture sur l'activité professionnelle : l'éclairage des pratiques de VAE en France. In F. Cros, L. Lafortune & M. Morisse (Ed), (2009). *Les écritures en situations professionnelles* (pp.73-95). Presses Universitaires du Québec.

Conclusions

Dans l'introduction à cet ouvrage, nous évoquions la création de notre groupe « Ecritures de pratiques, pratiques de l'écriture dans le champ de l'approche biographique » en pointant trois objectifs prioritaires : l'échange oral autour de nos pratiques sur base d'écrits préalables, l'élaboration progressive des écrits décrivant et mettant en réflexion nos pratiques et la finalisation en terme de projet de publication commune qui puissent à la fois laisser une trace concrète de nos échanges mais aussi les porter vers un public extérieur de praticiens chercheurs. Nous voulions mettre à leur disposition un ouvrage qui, au-delà de la présentation des pratiques, s'interroge sur la portée des différents dispositifs, sur les processus qu'ils mettent en œuvre et les effets qu'ils produisent.

Dans cette conclusion, nous souhaitons revenir sur ces objectifs en cernant plus précisément comment ils ont été rencontrés à l'issue de ces trois années d'échanges et de mises au travail autour de nos pratiques d'accompagnement de l'écriture. Nous allons tenter de saisir les processus mis en œuvre et les effets de ceux-ci sur notre réflexivité par rapport à nos pratiques et sur l'évolution du regard que nous portons aujourd'hui sur celles-ci, tant sur le plan de notre approche personnelle que professionnelle.

L'écriture de nos pratiques à travers la diversité des champs d'application et de références

Le fait que chacune de nos rencontres ait été centrée sur un échange préalable de textes écrits nous a permis d'aborder et de questionner leur contenu au-delà de la structure des textes, en abordant nos positionnements épistémologiques, théoriques et méthodologiques. Nous avons ainsi pu distinguer les points de concordances mais aussi les divergences qui traversaient le champ de ces pratiques.

Une première évidence s'est imposée. Tous nos écrits émanent d'un lieu spécifique qu'il nous a paru essentiel de préciser, que ce soit à partir d'une entrée biographique, d'un parcours et d'un cadre professionnels ou le plus souvent d'une articulation entre les deux. C'est à partir de ce lieu que s'inscrivent et se déploient les exigences très fluctuantes en termes d'écriture et par conséquent les dispositifs diversifiés d'accompagnement de celle-ci. Le livre couvre ainsi trois champs bien distincts : le milieu associatif (avec les contributions d'Isabelle Seret et de Catherine Liabastre), le cadre plus personnalisé de l'atelier d'écriture (avec Annemarie Trekker et Michèle Cléach) et l'institution universitaire (avec les textes de France Merhan et Emmanuelle Florent). Si cette diversification des champs d'application et de référence s'exprime à travers la forme des écrits proposés mais aussi le descriptif des dispositifs, il apparaît toutefois que, quel que soit le champ concerné, l'écriture y occupe la même fonction, celle d'un lieu contenant où élaborer sa pensée et sa pratique. Ce qui implique une réflexion commune sur notre place en tant qu'accompagnantes. Pourquoi accompagner ? Comment accompagner ? Jusqu'où accompagner ?

Les échanges qui ont trouvé place dans notre groupe nous ont permis d'exercer sur nos propres pratiques un regard critique et questionnant. A travers nos textes, on peut pointer le fait que la confrontation aux savoirs théoriques est variable, plus ou moins présente ou prégnante selon les exigences des institutions qui l'encadrent. Ceci nous a fait prendre conscience que l'écriture est toujours une écriture contextualisée, celle-ci pouvant se révéler d'autant plus lieu de craintes et d'angoisses qu'il y a dysfonctionnement dans l'institution. Sans céder à une norme commune qui aurait gommé les particularités et spécificités des choix de chacune, cette mise en relation avec d'autres savoirs et savoir-faire nous a obligées à reconsidérer nos pratiques à partir de notre entrée biographique, de nos formations et expériences professionnelles et de nos référents. Ce qui parfois semblait aller de soi a pu se révéler comme étant à démontrer ou à démonter. Si chacune d'entre nous a dialogué à sa manière avec les auteurs ou les références conceptuelles pour construire et légitimer son discours, l'appui systématique sur la pratique est en revanche un point de convergence qui nous a réunies. Ce qui s'avère cohérent avec notre objet et projet.

Elaboration des écrits dans un cadre de temps et de lieu en ouverture

A la relecture de l'ensemble de nos contributions, nous avons été surprises par l'impression de cohérence qui se dégageait de cet ouvrage, d'autant que nos échanges tout au long de son élaboration nous avaient souvent permis de pointer nos différences. Les six chapitres permettent d'illustrer sous diverses facettes mais de manière globale ce que représentent et apportent nos pratiques d'accompagnement de l'écriture dans le champ de l'approche biographique. Reste à percevoir d'où vient cette cohérence. Il nous semble qu'elle a été initiée par le soin avec lequel, nous avons cherché à définir très précisément, lors des premières rencontres de notre groupe, ce sur quoi allait porter notre travail, évitant ainsi l'éparpillement et la dispersion. Ceci nous a permis de dégager deux questions centrales : qu'apporte l'écriture de la pratique ? Qu'apporte la pratique de l'écriture ? Ceci dans une perspective biographique.

Ensuite, la mise en place du dispositif au sein duquel nous allions fonctionner a retenu la même attention. Nous avons choisi d'instaurer un cadre à la fois souple et déterminé, celui de trois ou quatre rencontres par an au cours de trois années. L'instauration d'emblée d'un travail dans la durée nous a permis de prendre le temps de nous connaître et d'installer une véritable confiance entre nous. Soulignons que même si le projet était de finaliser ces échanges sous forme d'un livre, aucune précipitation n'a jamais été imposée quant à la programmation de cet aboutissement. Nous avons préféré, ce qui constitue sans doute un luxe dans notre société du temps compté et émietté, ne pas précipiter le processus d'élaboration progressive et partagée.

Le lieu de rencontre n'est sans doute pas étranger au processus puisqu'il s'est fixé dans les lieux de vie de certaines d'entre nous, entretenant ainsi la convivialité mais aussi une indépendance à l'égard des institutions. L'analyse de pratiques est un dispositif groupal, nous ne nous y sommes pas soustraites mais au contraire avons veillé à en soigner les conditions. Nous avons pris le temps à chaque rencontre d'instaurer un climat de confiance avant de nous engager dans un échange approfondi. Nous avons progressivement élaboré ensemble un schéma progressif des thèmes à aborder, choisissant de décrire le dispositif, le cadre dans lequel il prenait place et de développer en profondeur une des spécificités de celui-ci avant d'aborder les effets attendus.

A travers l'attitude bienveillante mais néanmoins questionnante qui s'est établie au fil des échanges, nous avons découvert peu à peu la diversité de nos contextes socioprofessionnels mais également l'éventail des approches spécifiques adoptées dans nos pratiques, nos attitudes et interventions sans que ceci n'introduise de conflit, ni de rupture de la cohésion du groupe ainsi constitué. Nous avons ainsi pu nous confronter à un regard autre, ce qui n'est pas habituel dans les groupes d'analyse de pratiques plus généralement institué entre des participants qui ont une pratique basée sur les mêmes dispositifs, pratiques pédagogiques ou théories. En cela notre dispositif s'est révélé particulièrement intéressant, nous obligeant à faire des pas de côté, mais aussi à nous questionner sur nos choix, à ne pas les considérer comme « allant de soi » et à chercher où et à partir de quoi ils s'ancraient (notamment dans notre parcours biographique).

L'écriture comme lieu d'élaboration et de mise en mouvement de nos pratiques

Au fil des rencontres, chaque contribution a été ensuite réécrite en fonction des temps de partage qui, au-delà des ajustements collectifs et collaboratifs, ont permis de poser un regard renouvelé et à chaque fois revisité sur celle-ci. Au-delà d'une juxtaposition de contributions autour de la thématique choisie par le groupe, il s'agissait de mettre en place une élaboration collective et progressive de réflexions suscitées par l'usage de l'écriture dans les pratiques.

Le respect de chaque auteure quant aux terrains d'intervention, aux champs de recherche et aux questionnements des autres, a permis de pointer les multiples facettes de l'écriture et de son pouvoir formateur sans vouloir en maîtriser pour autant tous les effets, ni expliciter entièrement les processus à l'œuvre dans son élaboration. On ne maîtrise jamais totalement l'écriture, comme si elle révèle toujours quelque chose d'insoupçonné et que c'est en cela, d'ailleurs, qu'elle occasionne du stress voire de la souffrance mais offre aussi des moments d'illumination liés à la créativité. C'est bien en cela aussi qu'elle s'avère source d'un déplacement de pensée. N'est-ce pas parce qu'il reste toujours une « énigme » à résoudre que l'on continue à écrire, parce que l'écart entre ce que l'on écrit et ce que l'on voudrait écrire n'est jamais comblé ? L'écriture est ainsi envisagée comme traces mais aussi comme signes de ce qui reste à découvrir.

Nous avons pu observer le cours même de cette écriture, comme celui d'un fleuve qui creuse son lit à travers les reliefs du paysage, à travers la production des écrits intermédiaires dont la forme et le fond ont subi des réorganisations multiples avant d'aboutir au résultat finalisé. Nous avons éprouvé combien ce processus d'écriture influe sur les formes de pensée de celle ou celui qui écrit. Cette forme de communication différée produit un impact sur les manières d'envisager les pratiques relatées, sur la façon de les penser. En ce sens nos échanges ont constitué un outil de développement professionnel, c'est-à-dire un moyen de prise de conscience du lien entre l'écriture de notre pratique professionnelle et les changements mêmes de cette pratique. Ces processus mis en jeu à travers les écrits se déroulent dans une temporalité longue et discontinue, où oral et écrit s'entremêlent. C'est aussi un exercice complexe qui invite à articuler vécu et savoirs, pratique et théorie, narration et réflexion.

Au fur et à mesure de nos rencontres le dispositif initial s'est diversifié, complexifié aussi : écriture à domicile, partage du texte au groupe, retour sur le texte et consigne pour la prochaine rencontre, demande d'écrits ou référence à des écrits produits par des participants dans le cadre de leurs pratiques, ce qui nous a permis d'introduire des écritures « autres » dans nos propres écrits mais encore prises de notes lors des retours, écriture très personnelle et non donnée à voir, écrits semi-intimes et transitionnels socialisés au sein de notre groupe avant d'être finalisés aux fins de publication au sein de textes revus notamment selon les normes plus académiques (en terme de présentation et de bibliographie notamment). Jouer sur ces gammes d'écritures multiples nous a permis de mieux saisir les multiples enjeux à l'œuvre dans l'analyse de nos pratiques, et de prendre conscience de ce double mouvement, d'intériorisation et d'extériorisation qui nous guidait tout au long du parcours , mais aussi de double effet, d'élaboration et d'émancipation, qui en résultait.

L'écriture comme ouverture du dialogue avec l'autre, les autres.

Il nous reste à souligner, ce qui n'avait peut-être pas été envisagé à l'origine mais qui s'est avéré de plus en plus prégnant dans nos textes : la présence de l'autre, des « autres ». Celle de ceux que nous accompagnons dans nos dispositifs, quels qu'ils soient. Ces autres qui se sont glissés dans nos textes, parfois subrepticement lorsque nous évoquions l'entrée biographique qui nous avait conduites vers nos pratiques. Ces autres qui dans le descriptif de nos dispositifs se sont imposés à la fois comme personnages et interlocuteurs au sein de celles-ci. En ce sens, nous étions bien plus de six participantes autour de la table, chacune amenant peu à peu dans la description du dispositif mais aussi dans la recherche des effets de celui-ci, des extraits d'écritures ou de propos amenés par celles et ceux auxquels ces pratiques s'adressent et avec lesquels nous avons noué une relation particulière et singulière. Les textes des « accompagnés » sont ainsi venus questionner et faire réfléchir les accompagnants, leur apportant leur part de « savoir ». Les

« sujets écrivants » que nous rencontrons au cours de nos pratiques sont agissant sur celles-ci quel que soit le rôle majeur ou mineur, conscient ou inconscient, mais jamais anodin qu'ils jouent.

Reste une place largement ouverte et que nous souhaitons laisser telle en terminant cette conclusion. Celle des lecteurs et lectrices auxquels s'adresse ce livre. Qu'ils soient directement intéressés par ces pratiques ou plus simplement curieux de les découvrir, il nous importe de les entendre, les lire, les rencontrer dans la mesure où, dès l'origine de notre projet, ils étaient bien présents dans notre souhait d'échange et de partage. Telle est bien une des spécificités de l'écrit, celle de laisser des traces permettant la transmission et incitant à la relation.

Table des matières

Préface 7

Introduction :
Création du groupe « Ecritures des pratiques » 17

Première partie : Accompagner le recueil de récits de vie et leur mise en écriture
Le journal de bord, miroir d'une pratique
Isabelle Seret 31
Une Histoire collective, le Sillon de Bretagne
Catherine Liabastre 57

Deuxième partie : Accompagner l'écriture (auto)biographique
« S »'écrire, à la frontière entre histoire de vie et créativité littéraire
Annemarie Trekker 75
Accompagner les personnes sur leur chemin d'écriture
Michèle Cléach 103

Troisième partie : Accompagner les écrits de formation et de recherche
Le portfolio, support de la construction de l'identité professionnelle
France Merhan 131
Une approche biographique de l'identité enseignante
Emmanuelle Florent 153

Conclusions 171

Histoires de vie aux éditions L'Harmattan
Dernières parutions

DES SOLITUDES
Coordonné par Maudy Piot (Association Femmes pour le Dire Femmes pour Agir)
La solitude peut être choisie, convoitée, subie, imposée. Ce n'est donc pas un phénomène, une situation univoques. Que faire de sa solitude ? Pour la prisonnière, en faire un refuge, une « chambre à soi » ? Pour celle qui a perdu son fils, une épreuve d'où l'on ne sort pas indemne ? Pour celle qui a subi des violences sexuelles, la porte d'un exil bienfaisant ? Et la solitude de la personne handicapée ? Est-elle seulement subie. Ne peut-elle être, parfois, un tremplin vers un autre espace de liberté ?
(19.00 euros, 190 p.)
ISBN : 978-2-336-00390-0, ISBN EBOOK : 978-2-296-50997-9

ANECDOTES D'UN MACHINISTE PARISIEN
Desmet Georges
A travers les observations des faits et gestes et réactions des nombreux usagers des lignes d'autobus, desservies sur l'ensemble du réseau de la RATP, l'auteur nous fait découvrir à sa façon la place et le rôle important joué par le machiniste. Il raconte les anecdotes de son parcours professionnel et du quotidien d'un chauffeur de bus dans l'exercice de ses fonctions.
(12.00 euros, 102 p.)
ISBN : 978-2-296-99296-2, ISBN EBOOK : 978-2-296-50834-7

ROSES (LES) S'ADOSSENT AU MUR – Sagesse pour quand c'est dur
Frank Evelyne
Il est dans l'existence des heures difficiles, alors même que le destin, à ce moment-là, ne frappe pas. Il s'agit de l'usure du quotidien : se lever le matin sans amertume, gérer son argent, assumer une solitude non choisie, habiter sa demeure et son corps faire de ses vacances un temps favorable. Écrit au féminin avec la certitude que les hommes sauront traduire, jouant du christianisme comme d'un violon avec l'espoir que ceux qui en sont loin n'en auront pas les oreilles agacées, cet ouvrage, optant résolument pour la simplicité et la beauté, tente quelques pas dans cette direction. Car la vie appelle !
(14.00 euros, 136 p.)
ISBN : 978-2-296-99791-2, ISBN EBOOK : 978-2-296-50898-9

HISTOIRES DE NUITS AU COURS DE LA VIE
Coordonné par Martine Lany-Bayle, Gaston Pineau et Catherine Schmutz-Brun - Préface d'André de Peretti
La qualité de nos nuits marque celle de nos jours et inversement, en quoi celles-ci interviennent elles aussi dans notre rapport à la formation. Entre la

nuit des savoirs et les savoirs de la nuit, la nuit au cours des âges et des usages, cet ouvrage nous sensibilise ainsi, par un voyage de l'autre côté de la lumière, à ce qui constitue le point obscur de nos histoires comme de nos vies.
(Coll. Histoire de vie et formation, 36.50 euros, 354 p.)
ISBN : 978-2-336-00371-9, ISBN EBOOK : 978-2-296-50795-1

D/S – Les jeux de la soumission et de la domination
Richard Jacques, Maîtresse Léïa
À les croiser dans la rue, ce serait impossible à deviner. C'est entre les murs protecteurs des donjons et autres salles sombres, dans l'intimité de leur relation avec leurs soumis, que ces femmes endossent au mieux leur identité : celle de maîtresses dominatrices. Les auteurs nous abandonnent aux mains expertes de Maîtresse Amazone afin qu'elle nous guide à la rencontre de plusieurs de ces maîtresses femmes, lors d'une soirée privée en Belgique...
(20.00 euros)   *ISBN : 978-2-296-57475-5*

SOUS LE CIEL DE TA PEAU
Labonde Frédéric
Un nouveau-né, son nombril : sa première cicatrice... Des femmes, des hommes, leurs corps, leur chair refermée... La cicatrice : souffrance physique, souffrance psychique. Que dissimule cette ouverture vers l'intérieur ? Le corps serait-il le miroir de nos peurs ? *Sous le ciel de ta peau* est un travail de recherche sur le corps abîmé et les blessures de l'âme. Un essai audiovisuel composé de témoignages, textes, tatouages graphiques et installations.
(20.00 euros)   *ISBN : 978-2-336-00756-4*

ITINÉRAIRE D'UNE BIBLIOTHÉCAIRE
Petit Catherine, Bosshardt Martine
Préambule de Gérard Mordillat ; Préface d'Edith Chabot
Cet entretien biographique entre deux amies permet de parcourir le chemin professionnel d'une bibliothécaire, depuis la responsabilité d'une petite bibliothèque de banlieue jusqu'à la rénovation de "la plus grande", en passant par la vulgarisation de fonds scientifiques. Au fur et à mesure du récit de vie, se déploie l'histoire des médias, depuis le livre jusqu'au document en ligne.
(Coll. Histoire de vie et formation, 29.00 euros, 286 p.)ISBN : 978-2-296-96200-2

PAS TOUT FACILE LA VIE – Des clowns chez Emmaüs
Dewerdt-Ogil Jacqueline
Préface d'Anne Saingier, postface de Monserrat González Parera
Pas n'importe quels clowns. Clown-analyste, clown-formateur, tels sont les titres de celui qui embarque l'auteur vers dix années d'une aventure exceptionnelle avec « La Bande à Léon », troupe de clowns composée de compagnons d'Emmaüs. Sous forme de journaux croisés, l'auteur nous fait partager les bonheurs et les tourments qu'elle a vécus au sein de la troupe. Les portraits de ces hommes que la vie a poussés en marge de la société nous font toucher du doigt la fragilité des destins individuels, mais aussi la force de la création collective.
(Coll. Histoire de vie et formation, 23.00 euros, 234 p.) ISBN : 978-2-296-96215-6

RENDEZ-VOUS EN GALILÉE
Journal de voyage à vélo – Tours-Galilée
Pineau Gaston
Préface d'Eloi Leclerc ; postface de Pierre Dominicé
Rendez-vous en Galilée affiche une invitation quasi confidentielle à se rendre en Galilée. Par son lieu, la Galilée, qui peut être prise au propre et au figuré ; et par sa promesse, absolument inédite historiquement, de rencontrer un revenant d'outre-tombe, un ressuscité. Ce journal raconte ce double voyage, vers cette Galilée géographique et personnelle, à travers une Méditerranée, elle-même carrefour très explosif de cultures.
(24.00 euros, 238 p.) ISBN : 978-2-296-96945-2

12 (LES) ENFANTS DU RABBIN
Bitton Yaël
Les 12 enfants du Rabbin raconte l'émigration d'une famille juive du Maroc. En 1963, le père, les grands-parents et les 11 oncles et tantes de Yaël Bitton ont tous quitté Marrakech ; ils vivent aujourd'hui dispersés à travers le monde : en Israël, aux USA et en Suisse. À travers des récits croisés, Yaël Bitton questionne les circonstances de cette émigration et ses conséquences sur cette famille ainsi que toute une génération de Juifs marocains.
(20.00 euros) ISBN : 978-2-296-13510-9

L'HARMATTAN ITALIA
Via Degli Artisti 15; 10124 Torino

L'HARMATTAN HONGRIE
Könyvesbolt ; Kossuth L. u. 14-16
1053 Budapest

L'HARMATTAN KINSHASA
185, avenue Nyangwe
Commune de Lingwala
Kinshasa, R.D. Congo
(00243) 998697603 ou (00243) 999229662

L'HARMATTAN CONGO
67, av. E. P. Lumumba
Bât. – Congo Pharmacie (Bib. Nat.)
BP2874 Brazzaville
harmattan.congo@yahoo.fr

L'HARMATTAN GUINÉE
Almamya Rue KA 028, en face du restaurant Le Cèdre
OKB agency BP 3470 Conakry
(00224) 60 20 85 08
harmattanguinee@yahoo.fr

L'HARMATTAN CAMEROUN
BP 11486
Face à la SNI, immeuble Don Bosco
Yaoundé
(00237) 99 76 61 66
harmattancam@yahoo.fr

L'HARMATTAN CÔTE D'IVOIRE
Résidence Karl / cité des arts
Abidjan-Cocody 03 BP 1588 Abidjan 03
(00225) 05 77 87 31
espace_harmattan.ci@hotmail.fr

L'HARMATTAN MAURITANIE
Espace El Kettab du livre francophone
N° 472 avenue du Palais des Congrès
BP 316 Nouakchott
(00222) 63 25 980

L'HARMATTAN SÉNÉGAL
« Villa Rose », rue de Diourbel X G, Point E
BP 45034 Dakar FANN
(00221) 33 825 98 58 / 77 242 25 08
senharmattan@gmail.com

L'HARMATTAN TOGO
1771, Bd du 13 janvier
BP 414 Lomé
Tél : 00 228 2201792
gerry@taama.net

652586 - Mai 2016
Achevé d'imprimer par